반려동물
행동
상담학

반려동물 행동 상담학

Companion Animal Behavior Counseling Studies

박효진 저

동문사

머리말

저출산과 고령화, 1인 가구의 증가로 반려동물 양육인구는 눈에 띄게 늘었고, 동물에 대한 인식 변화로 반려동물을 가족처럼 생각하며 물질과 시간을 아끼지 않는 사회적 현상이 나타나고 있다. 반려동물 관련 사업은 미래전략산업 중 하나로 한국농촌경제연구원(2020)은 연관 산업 규모가 2027년에는 6조 원을 넘어설 것으로 전망한다.

하지만 반려동물 양육인구의 증가 및 관련 산업의 발전에도 불구하고, 그에 상응하는 교육은 제대로 이뤄지지 않아, 물림 사고가 끊임없이 발생하고, 유기 및 학대와 같은 사회적 문제도 매년 증가하고 있다.

이에 전문가들은 반려동물 양육 시 반드시 선행되어야 하는 교육 및 자격요건이 준비되지 않은 상태로 반려동물을 키우기 때문이라고 지적하며, 반려동물 입양 전 사전교육 의무화에 대한 목소리를 높이고 있다.

반려동물 양육 문화가 선진화된 해외 국가의 사례를 살펴보면 반려동물 입양 전 예비

보호자가 반드시 관련 교육기관에서 사전의무교육을 이수하여 시험을 통과하여야 하는 등 엄격한 입양제도와 사전 교육의무화로 인해 반려견 파양 비율은 2% 수준에 그친다고 한다.

반려동물은 사람과 달리 언어나 문자를 사용하지 않는 비(非)언어적인 동물이다. 학생들을 지도하는 교사가 학생에 대한 이해가 필요하고, 자녀를 양육하는 부모가 양육지식을 갖추어야 하듯이, 반려동물산업 종사자나 반려동물을 양육하고 있는 보호자는 반드시 동물에 대한 이해와 동물행동에 대한 지식을 갖추어야 한다.

이에 본 저서에는 동물행동의 개념 및 반려동물행동상담학에 대한 이해를 바탕으로 동물과 소통할 수 있는 커뮤니케이션 및 카밍시그널, 다양한 학습이론과 Biting, Chewing, Fighting, Barking, Digging 등의 문제행동에 대한 원인분석 및 개선 방법을 제시하였다. 또한, 전문가로서 반려동물의 훈련뿐 아니라 보호자 교육을 진행할 수 있도록 고객 유형별 상담기법 등을 다루었다.

동물만 대상으로 하는 반려동물 교육은 근본적인 문제행동을 개선하기 어렵다. 이에 문제행동을 다루는 동물행동학과 보호자를 교육하고 설득할 수 있는 상담학이라는 학문이 잘 융합되어야 한다. 본 교재는 동물행당상담에 대한 학술적 접근과 저자의 다양한 사례로 구성되어 반려동물을 연구하는 전공생과 동물을 양육하는 보호자에게 도움을 주고자 한다.

세상 모든 책들은 완전무결한 것이 없다고 한다. 부족한 부분을 채울 수 있도록 교재의 완성을 위해 인용 및 발췌를 허락해주신 선배님들에게 깊은 감사를 드린다.

끝으로 본 교재의 출간을 제안하신 도서출판 동문사의 신명선 부장님, 졸고를 가독성 있게 편집 및 교정해 주신 편집 담당자님, 반려동물의 행동상담에 대한 학문을 관련 종사자들과 반려인들에게 소개할 수 있도록 출판을 격려해주신 이중수 대표님께 깊은 감사를 드린다.

2022년 1월

박 효 진

목차

3장 동물행동의 분류

4장 커뮤니케이션

5장 카밍시그널

6장 학습심리학과 행동주의의 기원

7장 행동주의 심리학의 전개

8장 문제행동분석 – Biting(무는 행동)

9장 문제행동분석 – Chewing(씹는 행동)

10장 문제행동분석 – Fighting(싸우는 행동)

11장 문제행동분석 – Barking(짖는 행동)

14장 문제행동예방을 위한 교육

15장 문제행동수정과 환경개선

1장 반려동물행동상담학의 개요

학습목표

1. 동물행동학이란 무엇인지 이해한다.
2. 오늘날 반려동물이 사람에게 어떠한 존재인지 그 개념을 이해한다.
3. 반려동물행동상담사의 역할에 대해 이해한다.

행동(行動)의 사전적 의미를 보면 몸을 움직여 어떤 일을 하는 것으로 내적 또는 외적 자극에 대한 생물체의 반응을 통틀어 행동이라고 한다. 동물의 행동은 기본적으로 내적인 충동이나 동기의 전제로서 일정한 유발기구에 따라 나타나게 된다. 즉 동물의 행동은 광범위하게 말하면 종(種)이 다른 구성원이나 다른 종의 유기체 및 환경과 상호작용하는 모든 방식이 포함되는 것이다. 행동은 자극, 내 · 외부로부터 오는 단서 및 단서의 조합에 대한 반응으로 유기체의 활동이 변화하는 것이다. 동물행동학은 이러한 행동에 대한 생물학적 및 진화적 기반에 대한 연구이다. 또한 유전학, 해부학, 생리학, 진화생물학, 그리고 물론 동물 행동의 기초가 되는 신경 회로를 추적하는 신경생물학을 포함하여 행동생태학, 행동유전학, 행동계통학 등의 많은 관련 영역을 활용한다.

1. 동물행동학의 정의

1) 동물행동학(行動學, Ethology)의 정의

동물행동학이란 동물의 행동을 관찰하여 그들의 생활 방식과 특유한 행동의 특성을 연구하는 것이다. 그렇기에 동물행동학은 행동에 대한 인과관계 및 발달, 생존, 진화적 의미를 탐구하고 이론화하는 학문으로 연구자가 관찰하고 있는 동물을 통해 그들이 하는 행동의 원인을 찾고, 그것이 동물의 생존에 어떠한 가치를 발휘하는가를 찾아내는 데 의의가 있다.

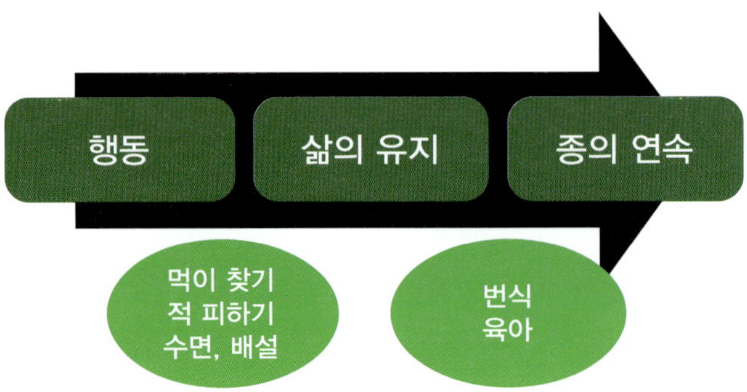

동물행동학의 정의

2) 동물행동학의 역사

동물 행동에 대한 과학적 연구의 기원은 영국의 박물학자[1] 존 레이(John Ray)와 찰스 다윈(Charles Darwin), 프랑스의 박물학자 찰스 르로이(Charles LeRoy)와 같은 17세기에서 19세기의 다양한 유럽 사상가들의 작품에서 엿볼 수 있다. 그들은 동물의 행동이 매우 복잡한 메커니즘에서 발현된다는 것과 그러한 행동이 명백한 목적을 가지고 유발된다는 사실에 대해 높이 평가했다. 또한 동물의 행동을 깊이 있게 이해하기 위해서는 실험실이 아닌 동물이 생활하고 있는 자연환경에서 장기적인 관찰을 통하여 객관적 사실을 정확하게 기록하는 과정이 필요하다고 하였다. 초기 자연사 연구의 주된 매력은 신의 독창성을 확인하는 것이었다. 당시만 해도 신이 모든 것의 근본이 되어 사물이나 인간 행위의 기본이 되는 절대 가치라고 여기는 가치관이 보편적이었으나 1859년 찰스 다윈(Charles Darwin)의 『종의 기원』이 출판되면서 이런 태도가 달라졌다. 19세기 중반에 들어서면서 종의 기원이라는 책은 서구 문화에 엄청난 영향을 미쳤고, 시간이 흐르면서 이 책의 영향은 서양에만 국한되지 않았다.

다윈의 업적은 신에 의한 창조론이 아닌 각기 다른 상황에서도 놀랍도록 적응된 생물들이 생겨날 수 있는지를 설명하는 것이었다. 다윈과 그의 선조들의 자연사 접근법은 점차 동물과 환경 간의 상호작용에 관한 연구인 동물 생태학, 그리고 동물 행동에 대한 생물학적 연구인 동물행동학이라는 두 가지 개념의 과학으로 발전했다. 동물행동학의 뿌리는 러시아 생리학자인 이반 파블로프(Ivan Pavlov)의 개, 미국 심리학자 존 왓슨(John B. Watson), 에드워드 톨먼(Edward Tolman) 및 칼 래슐리(Karl Lashley)의 설치류, 미국 심리학자 스키너(B. F. Skinner)의 조류, 독일계 미국인 심리학자 울프강 코헬러(Wolfgang Köhler)와 미국 심리학자 로버트 여키스(Robert Yerkes)의 영장류 등 여러 국가의 과학자들이 선택된 척

1 박물학자: 동물이나 식물, 광물의 종류, 성질 등 자연사에 대한 과학적인 탐구를 하는 사람

추동물 종의 행동을 탐구하기 시작한 19세기 말과 20세기 초로 거슬러 올라갈 수 있다. 그들은 연구를 진행할 때 개, 설치류, 비둘기와 같은 동물은 실험실에서, 영장류는 인공 군집과 실험실에서 수행하였고, 이러한 그들의 연구는 동물행동학에서 생태학적 또는 진화론적 질문보다는 심리학적, 생리학적 질문을 지향하게 하였다.

3) 동물행동학의 분류

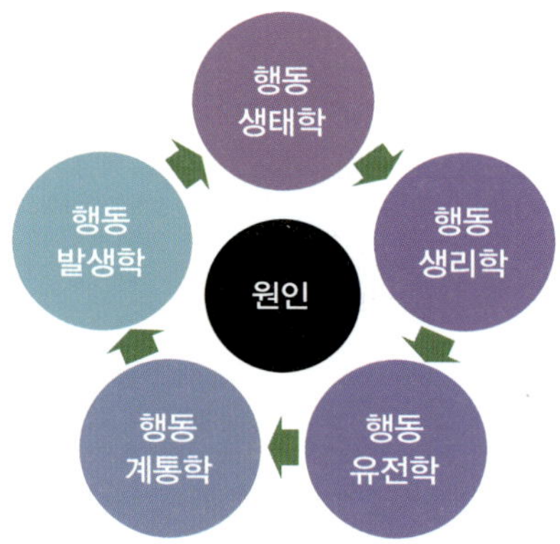

동물행동학의 분류

동물행동학은 동물이 살아가는 생활방식과 행동을 연구하는 학문으로 그 원인을 찾아가는 방법에 따라 행동생태학, 행동생리학, 행동유전학, 행동계통학, 행동발생학 등으로 분류할 수있다.

(1) 동물생태학

동물생태학은 동물의 개체와 물리적 환경 간의 상호작용을 과학적으로 연구하는 학문으로 동물체가 환경의 영향으로 지리적으로 주로 어느 지역에 분포하고, 시간의 흐름에 따라 어떻게 변화하며, 개체수를 오래도록 유지할 수 있는 방법을 찾는 연구분야이다. 에른스트 헤켈(Ernst Haeckel)은 생태학이라는 단어를 '우리는 자연계의 질서와 조직에 관한 전체 지식으로 풀이했다. 즉 동물과 생물적인 그리고 비생물적인 외부세계와의 전반적인 관계에 대한 연구이며, 한 걸음 더 나가서는 외부세계와 동물 그리고 식물이 직접 또는 간접적으로 갖는 친화적 혹은 불화적 관계에 대한 연구라고 볼 수 있다.'라고 설명하였다. 유진 오덤(Eugene Odum)은 동물생태학을 '자연의 구조와 기능을 연구하는 학문'이라 정의하였고, 찰스 크랩스(Charles J. Krebs)는 '생물의 분포(distribution)와 풍요(abundance)를 결정하는 상호작용에 관한 과학적 연구'라 정의하였다. 이렇듯 생태학을 공부하는 목적은 건강한 동물의 종보존을 촉진하는 것뿐만 아니라 그들이 사는 서식지에도 관심을 가지고 파괴되지 않게 보존하는 역할도 있다. 이처럼 동물생태학은 동물의 분포와 개체군 그리고 환경과의 상호관계에 대한 과학으로 행동생태학, 진화생태학, 개체군생태학, 경관생태학, 군집생태학, 환경생태학 등으로 세분될 수 있다.

- 동물을 둘러싼 생물학적·비생물학적 환경관계연구
- 행동학, 생태학, 진화생물학이 결합된 종합과학
- 생태적 조건의 적응이라는 측면에서 행동 분석

예1 먹이식물의 분포가 각 그룹의 영역 분포 및 이동에 미치는 영향

예2 서식처의 포식압에 따른 수면 행동 변화

(2) 동물생리학

생리학은 생물체가 지니고 있는 다양한 기능적 특성을 분석하는 학문으로 동물체 내에서의 기관별 기능, 물질대사의 조절, 항상성, 적응 등 여러 가지 생리현상을 다룬다. 또한 유전자에서부터 기관계, 환경과 상호작용하는 전 생물체에 이르기까지 동물의 진

화와 작용 메커니즘을 다루는 학문이기도 하다. 생리학의 체계적 성질은 기관계와 그 기능이 세포 및 그 구성 분자들로부터, 이들 구성요소들의 진화로 생겨난다. 기관계는 보편적인 기능에 따라서 온몸의 조절과 통합, 지지와 운동, 유지, 생식으로 나뉜다.

- 행동이 나타나는 생리학적 변화와 특성, 조절 방법 등
- 신경행동학 - 어떤 특정 행동의 기저에 놓여 있는 감각기관과 중추신경계의 과정 연구
- 행동내분비학 - 호르몬과 행동 사이의 상호관계 연구

예1 육아행동 개시에 따른 암컷의 호르몬 변화 추이

예2 수컷의 구애 노래 빈도와 성호르몬 수치변동과의 관계

(3) 행동유전학

행동유전학은 생물의 유전적 구성이 행동에 미치는 영향을 연구하고, 유전적 특성과 환경의 상호작용이 어떻게 행동에 영향을 미치는지 연구하는 학문으로 행동에 영향을 미치는 유전자들을 밝혀내기 위해서 유전적인 방법으로 행동 양식들의 유전을 연구하는 학문이다. 행동이 선천적인 요인에 의지하는지 아니면 훈육된 결과인지 양육 논쟁의 중심에서 행동유전학은 특정 전집(population)의 심리적 다양성을 유전적, 환경적 다양성으로 얼마만큼 설명 가능한지를 수치적으로 파악하고자 발전한 심리학의 분야이기도 하다.

- 행동이 나타나는 생리학적 변화와 특성, 조절 방법 등
- 후천적 학습이 아닌 태어날 때부터 습득하여 하는 행동에 영향을 미치는 유전자 규명

예 뻐꾸기의 '탁란(托卵, deposition)'에 영향을 미치는 유전자 규명

(4) 행동계통학

행동계통학은 시간의 변천 과정에 나타나는 행동의 변화를 다루는 학문으로, 행동의 형질들을 계통발생학적으로 기원과 발달을 연구하며 역사적 시간의 흐름에 따라 나타나는 행동 변화의 추이를 분석하는 학문이다.

(5) 행동발생학

행동발생학은 한 개체의 일생 동안 개체의 행동발달을 연구하는 학문으로 태아과정에서의 행동발달도 포함된다.

4) 행동이 일어나는 구조

(1) 생득적 해발기구

생득적 행동(Innate Behavior)이란 학습이나 훈련되지 않은 또는 모방하지 않은 행동, 환경의 영향을 받지 않고 발달하는 행동을 뜻한다. 각 개체가 태어나면서부터 갖추어져 있는 특이적인 행동패턴을 일컫는 것으로 이러한 생득적 행동을 일으키는 자극을 열쇠자극이라고 하고, 열쇠자극을 포함한 해발인자에 의해 행동이 일어나는 구조를 생득적 해발기구(Innate Releasing mechanism)라고 한다.

반 학습행동, 획득행동

(2) 행동의 동기부여

열쇠자극이 있어도 동기부여가 없으면 행동은 일어나지 않는다. 동물이 시기의 차이에 따라 먹이나 다른 개체에 따라 다른 행동을 취하는 것은 내적 상태가 다르기 때문이며, 이때 동기부여(Motivation)는 어떤 목적을 위해 동물이 특정 행동을 하는 데 필요한 메커니즘이다. 행동의 동기부여는 크게 5가지, 즉 호메오스타시스성 동기부여, 번식성 동기부여, 내발적 동기부여, 정동적 동기부여, 사회적 동기부여로 볼 수 있다.

① 호메오스타시스성 동기부여는 개체 생존을 위한 생리적인 요소, 즉 식욕, 수면욕, 배설욕 그리고 체온과 호흡의 유지욕 등의 행동들이 어떤 동기부여에 의해 행동되는지를 설명하는 것이다.

② 번식성 동기부여는 말 그대로 종의 존속을 위한 성욕과 육아욕 같은 행동이 일어나는 구조를 설명한다.

③ 내발적 동기부여는 호기심이나 조작욕, 접촉욕 같은 사회적 활동에 대한 행동들이 일어나는 구조를 설명하는 것이다.

④ 정동적 동기부여는 기쁨, 슬픔, 두려움 등의 정서적 반응 즉, 감정을 일으키는 내적 · 외적 자극요인으로 인해 그 행동이 일어나는 구조를 설명하는 것이다.

⑤ 사회적 동기부여는 타 개체와 상호작용, 즉 어울리기 위한 혹은 타 개체로부터 자신을 지키기 위한 행동이 일어나는 구조를 설명하는 것을 말한다.

2. 반려동물의 시대

1) 반려동물의 정의

반려동물이란 '사람과 더불어 사는 동물로 동물이 인간에게 주는 여러 혜택을 존중하여 사람의 장난감이 아닌 더불어 살아가는 동물'이라는 의미에서 반려동물이라고 한다(두산백과). 반려동물의 정의에 대한 관련 법률은 동물보호법, 수의사법, 가축전염병 예방법, 소비자분쟁해결기준 등이 있고, 각각의 법률에서 규정하고 있는 동물의 범위는 조금씩 차이가 있지만, 개와 고양이는 공통적으로 포함되어 있다. 농림축산식품부령으로 정하는 반려동물은 개 · 고양이 · 토끼 · 페럿 · 기니피그 · 햄스터 등 가정에서 반려(伴侶)의 목적으로 기르는 동물이다.

반려동물(Companion animal)이란 단어는 1983년 10월 오스트리아 과학아카데미가 동물행동학자로 노벨상 수상자인 로렌츠(Konrad Z. Lorenz)의 80세 탄생일을 기념하기 위하여 주최한 '사람과 애완동물의 관계(The human−pet relationship)'라는 국제 심포지엄에서 최초로 사용되었다(국립축산과학원). 반려동물의 표현은 장난감이나 유희로 표현되었던 과거의 애완동물(Pet animal)에서 정서적 교감을 나누고 더불어 살아가는 의미로의 반려동물(Companion animal)로 표현이 변화되었다.

반려동물을 대하는 태도와 가치관은 그 시대의 사회적 인식 및 경제적 변화와 더불어 나타나고 있다. 세계적 국민 소득수준에 따라 반려동물 문화 발전 단계는 GNP 1만달러가 되면 반려동물의 문화가 시작되고, GNP 2만 달러에는 반려동물의 문화가 발전되며, GNP 3만 달러에는 달러가 되면 '동물의 인격화' 현상이 나타나는 문화의 프리미엄이 형성되고 있다. 종합적으로 볼 때 반려동물은 '인간과 정신적 유대와 애정, 즉 정서적 교감을 나누고 더불어 살아가는 장난감 등의 물건이 아닌 생명으로서의 동물'이라고 정의할 수 있다. 이처럼 반려동물은 이미 우리들의 생활 속에 깊숙이 들어와 있다. 많은 사람들에게 반려동물은 단순히 '애완동물'이 아니다. 가족의 일원이자 반려자로 받아들이고 피붙이처럼 자식처럼 함께 살아간다. 최근에는 반려동물(펫)과 가족(패밀리)을 합성한 '펫팸족(Petfam)'이나 '펫밀리(Petmily)'가 등장했다. 펫팸족은 반려동물을 마치 자신의 가족처럼 여기고 반려견 용품이나 양육에 투자를 아끼지 않는 이들을 말하며, 펫밀리는 동거인 없이 오직 반려동물과 함께 살아가는 1인가구를 지칭한다. 나아가 2인가구 중에서 자녀를 낳는 대신 반려동물을 자식처럼 키우는 소위 '딩펫족(Dinkpet)'도 등장했다. 과거 자녀 없는 맞벌이 부부를 지칭하던 딩크족에서 유래한 딩펫족은 반려동물이 인간을 대신하는 신인류의 탄생을 알리는 신호탄인 셈이다. 이처럼 지속적인 저출산과 고령화, 1인가구의 확산과 소득의 증대 등 다양한 사회구조의 변화로 전보다 반려동물을 보유하는 가구가 빠르게 늘고 있다.

2) 반려동물로서의 개

개는 인간과 가장 오랫동안 함께해온 가축이자 반려동물이다. 개는 단순히 동물의 지위를 넘어 인간과 교류하며 '인간과 같은' 정서와 감정을 나눌 수 있는 위치에 올라선 몇 안 되는 포유류이다. 개가 인간에게 주는 혜택은 헤아릴 수 없다. 19세기 미국 작가 조시 빌링스(Josh Billings)는 "개는 당신이 자신을 사랑하는 것보다 더 당신을 사랑하는 지구상에 유일한 존재이다."라고 말했다. 그래서 사람들은 죽으면서 기꺼이 자신의 유산을 반려견에게 물려주려고 하며, 화염에 휩싸여 죽음의 경계를 넘나들면서도 반려견을 담요에 싸서 불길을 헤쳐 나온다. 개는 가축 중에서 가장 우리 인간과 닮은 동물이다. 오래전부터 인간은 개를 재산의 일부이자 가족의 일원으로 받아들였다. 훌륭한 개 1마리는 가문의 자랑이었고, 마을마다 사람을 구한 견공을 칭송하는 비문과 민담이 구전되어 내려오기도 했다. 고대 이집트나 그리스-로마의 벽화 및 도자기에 그려진 개는 늘 인간 곁에 가까이 있는 존재로 묘사되어 있다. 목축과 농경에도, 심지어 전쟁에도 개는 빠지지 않고 인간과 함께했다. 인간이 눈물을 흘릴 때 개도 함께 눈물을 흘렸고, 인간이 피를 흘릴 때 개도 기꺼이 피를 흘렸다.

동시에 개는 인간과 완전히 다른 동물이다. 개의 뇌와 눈, 코와 사지는 모두 인간의 그것들과 다르다. 우리는 세상을 총천연색으로 볼 수 있지만, 개는 흑백과 약간의 농담(濃淡)을 구분할 수 있을 뿐이다. 거리 감각에 있어서도 인간의 시각은 개의 시각을 뛰어넘는다. 반면 개와 비교해 볼 때, 인간의 후각은 초라하기 짝이 없다. 인간의 뇌에서 후각을 관장하는 부분의 무게는 고작 몇 그램에 불과하지만, 개의 뇌에서는 총 부피의 7분의 1을 차지한다. 개가 마약 탐지나 수색 작전에 투입되는 이유를 알만하다. 청력은 또 어떠한가? 우리 인간의 귀는 최대 20,000Hz까지의 진동을 들을 수 있으나, 개는 45,000Hz까지의 소리도 들을 수 있다. 반려견이 주변의 조그만 인기척에도 귀를 쫑긋 세울 수 있는 것은 바로 이러한 고감도 청력을 가지고 있기 때문이다.

3) 인간과 개의 생활

과연 반려견은 언제부터 인간과 함께 생활해 왔을까? 최근 과학자들은 미토콘드리아 DNA를 확인하는 방법을 통해 대략 10만 년 전 늑대와 개가 서로 다른 종으로 분화되었다는 사실을 밝혀냈다. 오늘날 많은 학자들은 적어도 4만 년에서 2만 년 전 개가 인간에 의해 가축화되었을 것으로 믿고 있다. 당시 남은 음식을 얻어먹기 위해 인간 주변을 따라다니며 배회하던 늑대들이 있었고, 그들 중에서 유독 용감했던 늑대들이 주기적으로 인간에게 접근했다가 아예 집안에 들어앉게 되었다.

더 이상 사냥할 필요가 없어진 늑대들은 인간과의 공생을 선택하면서 오늘날 개의 조상이 되었다. 오랫동안 인간은 개에게 규칙적인 먹잇감과 안전한 서식지를 제공했고, 개는 그 대가로 주인에게 충성하며 적의 침입을 막고 인간의 재산을 보호했다. 시간이 지나 인간의 수신호를 이해하게 되면서 주인과 함께 사냥을 나가는 개들도 등장했다. 어디 그뿐인가? 개는 점차 인간과 감정과 정서를 나누고 교류할 수 있는 친구로 진화했다. 인간은 기쁨을 더하고 슬픔을 나누며 반려견을 가장 소중한 친구로 길들였다.

역사상 개를 반려동물로 기른 최초의 사람들은 1세기 고대 로마인이었다. 개를 극진히 아꼈던 것으로 유명한 로마인들은 유럽 전역을 돌며 정복 전쟁을 벌일 때에도 직접 개를 전장(戰場)에 데리고 나갔다. 로마 제국의 정복 루트에 반려견이 동행한 셈이다. 그렇게 여러 나라를 돌아다니며 로마 군인들은 각 지역 온갖 종류의 견종들을 수집하여 유배지였던 영국섬으로 보내곤 했다. 영국이 견종의 발상지가 된 데에는 이런 역사적 이유가 있었다.

근대적 반려문화는 중세 유럽에서 본격적으로 시작되었다. 사실 아시아나 아메리카 대륙에 이보다 앞선 반려문화가 있었다는 가설도 있지만, 이를 증명할만한 문서나 역사적 자료가 없다. 사료(史料)에 따르면, 중세 때 독특한 생김새의 반려견을 기르는 문화가 유럽의 일부 귀족들과 사제집단에서 큰 인기를 누렸다고 한다. 그들은 개들에게 벨벳과

금, 각종 보석으로 장식된 가죽을 입히고 사치스럽게 꾸몄다. 여성들은 자신들의 허벅지 위에 올려놓을 수 있는 자그마한 견종을 선호했던 반면, 남성들은 함께 야외에서 생활할 수 있는 사냥견을 선호했다. 수도원 내에서는 귀족과 부자들에게 팔기 위해 블러드하운드 같은 순종견을 사육하기 시작했고, 최초의 개 사육장이 만들어지기도 했다. 수도사들은 잡종과 순종 간의 무분별한 교미를 막기 위해 잡종견의 목에 무거운 블록을 두르곤 했다.

11세기, 쥐는 십자군전쟁 동안 큰 사회적 문제를 일으켰고, 페스트나 각종 전염병의 확산을 두려워했던 농부들은 쥐를 잡아 죽일 수 있는 혈기왕성한 견종들을 개발했다. 그들은 땅을 파거나 쥐구멍에 들어갈 수 있을 만큼 작아야 했고, 달아나는 쥐들을 쫓을 수 있을 만큼 빨라야 했다. 이렇게 해서 중세 때 테리어 같은 사냥견들이 등장했다. 동시에 상류층을 중심으로 스포츠로써 토끼 사냥이 인기를 끌면서 그레이하운드나 그레이트데인 같은 견종들이 개발되었다. 투견의 목적으로 불도그와 같은 견종들이 개발된 것도 이때였다.

르네상스 시대 동안 귀족들 사이에서는 개를 동반자로 키우는 문화가 인기를 끌었다. 절대군주들은 자신들이 좋아하는 견종들을 번식시키기 시작했는데, 특히 프랑스의 찰스 9세의 이름을 붙인 찰스 스패니얼 등이 이 시기에 확립된 견종이다. 그럼에도 불구하고 유럽 내에서 반려동물을 키우는 행위가 17세기 말까지 보편적으로 퍼지지는 못했다. 당시 동물을 기르는 것이 사회적 의무에 태만한 행동으로 간주되었고, 하층 계급에는 적합하지 않은 여가생활로 치부되었기 때문이다.

중산층이 반려견을 문화의 일부로 수용한 시점은 18세기 후반이 되어서부터였다. 영국 빅토리아 시대에 다양한 견종들이 개발되면서 오늘날처럼 혈통이 보존되고 개들의 족보가 만들어지게 되었다. 오늘날 등록된 196여 종의 견종에 대한 체계적인 관리가 고작 150여 년 밖에 안 되었다는 이야기가 된다. 영국은 고대 로마 시대부터 개 사육의 중

심지였고, 포인터와 세터 품종을 위해 1859년 뉴캐슬에서 최초의 도그쇼 중 하나가 열리기도 했다. 자선 목적으로 귀족들이 개최한 그 행사는 전 세계의 반려견 애호가들을 모으면서 순종견의 혈통을 확보하는 계기가 되었다. 그 이후로 개 사육은 엄격한 품종 기준의 확립과 함께 더욱 공식화되었다. 1873년 영국에 켄넬클럽(Kennel Club)이 설립되었고, 빅토리아 여왕은 1891년에 크루프트 도그쇼(Crufts Dog Show)에 직접 여섯 마리의 포메라니안을 참가시키기도 했다.

11세기	18세기	19세기
인간의 필요에 의한 목적견 개량	혈통보전을 위한 체계적 견종 관리	도그쇼의 시작으로 순종견의 혈통 확보

3. 반려동물행동상담학의 개요

1) 반려동물행동상담학의 정의

반려동물행동상담학은 반려동물 중 제일 접하기 쉬운 개와 고양이를 중심으로 하여, 동물행동학의 기초개념 및 커뮤니케이션, 학습이론, 문제행동의 종류와 치료방법 및 사전 예방에 관한 지식을 보호자에게 전달할 수 있는 역량을 갖추도록 설계된 학문이다. 반려동물을 가족의 일원으로 생각해 함께 살고 있으나 비언어적인 동물과 의사소통이 원만하지 않아 그로 인한 문제행동에 심리적 마찰을 빚고 있는 실정을 고려하여 단순히 동물훈련에서 멈추지 않고, 보호자와 상담 및 질의응답을 통해 문제행동을 치료해 줄 수 있는 학문이다. 즉 반려동물행동상담학은 동물의 응용동물행동학과 인간의 상담심리학을 결합한 학문으로 탄탄한 이론적 지식을 바탕으로 동물의 습성과 행동을 이해하며 반려동물을 잘 다룰 수 있는 전문화된 실무능력이 필요한 분야의 학문이다.

2) 반려동물 행동상담사의 역할

반려동물 행동상담사는 고객이 의뢰한 동물의 문제행동의 원인 분석 및 치료방법을 모색하여 보호자와 함께 개선해가는 역할을 한다. 동물행동 상담사는 동물이라는 종(種)에 관한 깊은 이해로 동물의 스트레스를 최소화하는 방법을 모색하여 동물을 훈련하고, 반려동물과 보호자 간의 상호교감을 증대시키는 방향으로 교육을 진행하며, 보호자가 자신의 동물을 관리하고, 훈련할 수 있도록 보호자 교육을 책임지는 역할을 한다. 이러한 반려동물 행동상담사의 역할은 건강한 반려동물 문화형성에 기여하고, 반려동물의 복지증진 및 생명존중의식을 향상시키는 역할을 한다.

훈련사와 반려동물 행동상담사

	훈련사	반려동물 행동상담사
교육분야	기본복종 훈련 특수목적견 훈련 도그스포츠 훈련	문제행동예방 문제행동치료 문제행동완화
교육목표	반려동물 훈련 신입 훈련사 양성	보호자 교육 반려동물 행동수정과 문제행동 교정
임무역할	견 관리 및 환경의 청결유지 훈련 및 행동수정	보호자 상담 문제행동분석 및 프로그램 개발

- 보호자와의 상담을 통해 반려동물의 문제점 파악
- 올바르고 적합한 행동치료 프로그램 소개 및 이해

- 반려견과 보호자 동시교육 진행
- 보호자의 생활 습관 및 훈련 패턴 꾸준히 체크, 교정된 행동의 유지 및 문제행동 재발방지 방안 제시
- 상담 + 기록 + 이론적 배경 + 훈련 + 실전 경험 + 노하우

3) 반려동물 행동상담사가 갖추어야 할 요소

반려동물 행동상담사는 반려동물의 보호자가 심리적 갈등이나 현실적인 문제를 합리적이고 올바른 방법으로 대처하고 해결해 나가도록 도와주는 사람으로 동물에 대한 지식, 현장 실무에 대한 실전 능력, 다양한 현장 경험, 동물복지 및 생명존중의식이 필요하다.

(1) 전문성

- 동물행동수정 및 문제행동 교정, 예방에 대한 전문성
- 반려동물 양육 및 훈련에 대한 전문성
- 반려동물 생활 공간 및 환경조성에 대한 전문성
- 고객 상담 및 교육에 대한 전문성

(2) 실전경험

- 다양한 반려동물 훈련 및 행동수정 경험
- 보호자 상담 및 교육 경험
- 인재 양성 경험
- 훈련, 미용, 관리, 보호, 브리딩에 대한 경험

(3) 학문적 지식

- 반려동물 전반적인 관리 및 습성에 대한 지식
- 비교행동학, 발달행동학, 신경행동학, 동물생태학에 대한 지식
- 학습이론, 동물행동수정에 대한 지식
- 종특이성, 품종에 대한 전반적인 지식

(4) 도덕적 인성

- 동물복지 및 생명존중 의식
- 공감능력 및 올바른 의사소통 기술
- 관련 업계 종사자 존중 및 후배 양성

학습정리

- 동물행동학이란 동물의 행동 연구 및 각각의 행동이 갖는 생물학적 의미를 탐구하는 학문이다.
- 반려동물행동상담학은 응용동물행동학과 상담심리학이 결합된 학문으로 문제행동을 수정 및 개선해갈 수 있는 전문인력을 배양해내는 학문이다.
- 반려동물 행동상담사는 반려동물의 습성과 행동을 이해하고 그것을 행동 수정할 수 있는 능력을 갖추어야 하며 반려동물로 인해 문제행동을 호소하는 보호자에게 올바른 상담과정을 통하여 문제행동을 교정해주는 역할을 담당한다.

1. 동물의 행동을 연구해서 각각의 행동이 갖는 생물학적 의미를 탐구하는 학문은 무엇인지 보기에서 고르시오.

① 동물행동학	② 계통발생학
③ 행동심리학	④ 동물복지학

2. 반려동물 행동상담사가 갖추어야 할 요건으로 거리가 먼 것을 고르시오.

① 주관성	② 경험
③ 지식	④ 전문성

3. 일생동안 한 개체의 전반적인 행동발달을 연구하는 학문은 다음 중 무엇인가?

① 행동계통학	② 행동유전학
③ 동물생리학	④ 동물생태학

4. 동물의 행동에 대한 설명으로 옳지 않은 것을 고르시오.

① 동물의 행동은 기본적으로 내적인 충동이나 동기의 전제로서 일정한 유발기구에 따라 나타나게 된다.
② 행동은 또한 자극, 외부 또는 내부 단서 또는 단서 조합에 대한 반응으로 유기체의 활동 변화로 더 좁게 정의될 수 있다.
③ 동물행동학은 행동에 대한 생물학적 및 진화적 기반에 대한 연구이다.
④ 동물의 행동을 깊이 있게 이해하기 위해서는 실험실에서 행해지는 연구와 실험를 통해 가능하다.

5. 동물 행동의 동기부여 중 기쁜, 슬픔, 두려움 등의 정서적 반응, 즉 감정을 일으키는 내적·외적 자극요인으로 인해 그 행동이 일어나는 구조는 어떤 것인지 고르시오.

① 호메오스타시스성 동기부여 ② 번식성 동기부여
③ 정동적 동기부여 ④ 내발적 동기부여

1. ① 2. ① 3. ① 4. ④ 5. ③

2장
동물행동의 유형

학습목표

1. 동물의 행동 유형에 대해 이해하고, 그 개념을 이해할 수 있다.
2. 개체유지행동의 개념을 이해하고, 종류별 행동의 특성을 구분할 수 있다.
3. 사회행동이 개념을 이해하고, 종류별 행동의 특성을 구분할 수 있다.

동물의 행동에는 동물들이 다른 유기체들과 상호작용하는 모든 방식과 물리적 환경이 포함된다. 어떤 행동을 완전히 이해하기 위해서는 무엇이 행동을 유발하는지, 행동이 어떻게 발전하는지, 어떻게 유기체에 이로운 작용을 하는지, 그리고 어떻게 진화해왔는지 알아야 한다.

어떤 행동은 선천적이거나 유전적으로 연결되어 있는 반면, 어떤 행동은 학습이나 경험을 통해 개발된다. 대부분 행동은 선천적인 요소와 학습된 요소 모두를 가지고 있다. 또한 동물의 행동은 개체유지행동과 사회행동으로 분류될 수 있다. 개체유지행동은 개체가 생존하는 데 필요한 생리적 요구를 충족시키는 행동이고, 사회행동은 혼자가 아닌 복수의 개체로 인해 발생되는 행동을 일컫는다.

1. 개체유지행동

개체유지행동이란 각 동물이 살아가기 위해서 반드시 필요로 하는 행동으로 굳이 다른 대상과 함께하지 않더라도 스스로 할 수 있는 개별적인 행동을 말한다. 예를 들어, 개가 먹이를 먹거나 배변을 하는 행동, 고양이가 스스로 그루밍을 하거나 수면을 취하는 행동은 누군가의 도움이 필요하지 않고 스스로 할 수 있는 생존을 위한 행동이다.

예 섭식, 휴식, 수면, 배설, 몸단장 등

1) 섭식행동

동물이 기초대사나 활동에 필요한 영양이나 에너지를 확보하기 위해서 물질을 섭취하는 행동으로 먹기나 마시기같이 입을 통해 위장관으로 물질을 받아들이는 것을 가리킨다. 섭식행동은 단순히 영양분을 섭취하여 에너지를 확보하는 작용뿐 아니라 개체의 체온조절에도 중요한 역할을 담당한다.

(1) 개의 섭식행동

개는 잡식동물의 소화기관을 가지고 있다. 개의 섭식행동은 성장단계, 활동 정도, 체내대사, 환경 등에 따라 섭식량이 결정되며 사회적 촉진 현상에 섭식량이 영향을 받기도 한다. 사회적 촉진이란 무리로 생활하는 동물에게 나타나는 현상으로 한 개체가 무리 안에서 하는 행동이 다른 개체에게 영향을 주는 것이다. 이러한 현상은 섭식행동에도 나타나는데 혼자 있는 개에게 먹이가 주어진 경우보다 여러 마리의 개에게 먹이가 주어졌을 때 개체별로 섭식량이 증가하곤 한다. 만일, 먹이를 잘 먹지 않는 개에게 적극적인 식습관을 형성하기 위한 교육을 진행한다면 위와 같은 사회적 촉진 방법을 활용한다면 효과적일 수 있다.

개의 섭식량과 먹이의 종류를 결정할 때는 견종별 크기나 나이 및 계절을 고려해서 공급해주는 것이 좋다. 성견이 아닌 강아지의 경우 마른 먹이보다는 물에 불린 사료라든지 이유식을 먹이는 것이 좋은데 이러한 이유식은 4주경부터 시작하여 60일경에 종료하고, 12주 정도가 되면 완전한 마른 먹이의 섭취가 가능해지니 그때부터 사료를 급여하는 것이 좋다.

(2) 고양이의 섭식행동

고양이는 개에 비해, 육식에 적절한 소화기관이 있다. 또한 고양이는 고양이과의 동물인 사자와 같이 무리를 지어 생활하거나 집단으로 먹이를 잡는 것이 아니라, 소형 설치류나 작은 새 등을 먹이로 삼고 단독으로 사냥하며 생활하는 습성이 있다. 그렇기에 고양이는 한 번에 빠르고 많이 섭취할 수 있는 개와는 다르게 소량의 식사를 몇 번에 걸쳐 나누어 먹는 편이다. 고양이는 맛보다는 냄새에 의해 기호가 결정되고, 30℃ 정도일 때 가장 기호성이 높아진다. 본능적으로 물을 잘 섭취하지 않는 고양이는 수분부족으로 신장이나 비뇨기계 질환이 생길 수 있고, 육식성 동물이기 때문에 마른 먹이보다 습식의 먹이를 고양이에게 제공하는 것이 좋다. 고양이는 대략 체중 1kg당 수분을 40~60ml 섭취해주어야 하는데 습식사료에는 수분이 약 74% 정도 함유되어 있다고 하니 수분부족 현상을 예방하는 데 도움이 될 수 있다.

[고양이 음수량 늘리는 방법]

- 물그릇의 개수를 늘려서 언제 어디서든 수시로 물을 마실 수 있게 배치한다.
- 간식이나 장난감을 이용해 운동하도록 유도하면 갈증을 느껴서 물을 마시게 된다.
- 건식 사료보다는 습식 사료를 제공하여 간접적으로 수분을 섭취하게 한다.
- 고양이가 좋아하는 재질의 그릇에 먹이를 제공한다.
- 호기심을 충족시켜주기 위해 흐르는 물을 공급해주는 고양이 정수기를 사용한다.

(3) 특이적 기아

만일 동물이 특정 영양분이 부족한 상태에 놓이면 동물은 결핍된 성분을 적극적으로 섭취하려는 먹이에 대한 '자기선택행동'을 보인다.

(4) 미각혐오

부패한 먹이나 독이 들어간 먹이를 섭취함으로써 식후 구토나 설사를 한 불쾌한 경험을 하면, 동물은 그 먹이의 냄새나 맛을 기억하고는 같은 먹이를 두 번 다시 입에 대지 않는다. 이것은 미각혐오 또는 조건화 미각기피라 불리는 반응으로 단 한 번의 경험에 의해서도 강하게 기억된다.

(5) 이식증

동물이 모래, 흙, 풀, 돌과 같이 먹을 것이 아닌 비식품을 섭취하는 행동을 이식증(Pica)이라고 한다. 이식증은 영양소, 비타민, 또는 미네랄이 부족한 식단이 원인일 수 있다. 하지만 영양학적으로 균형 잡힌 사료를 섭취하는 등 영양학적으로 부족함이 없음에도 불구하고 이식증을 보인다면 이는 심리적인 문제와 의료적인 문제로 유추할 수 있으며, 치료를 위한 해결방안을 모색하는 것이 좋다.

[개가 산책 시 풀을 뜯어 먹는다면?]

산책할 때마다 풀을 뜯어 먹는 개들이 있다. 이에 대해 일각에서는 개들이 소화를 돕기 위해 혹은 배탈을 줄이기 위해 자가 치료격으로 풀을 먹는다고 한다. 물론, 개들에게 섬유질의 식사가 필요하고, 풀은 섬유질을 공급해줄 수 있기 때문에 배변활동을 원활하게 작동할 수 있다. 하지만 개가 풀을 뜯는 원인이 영양학적 필요인지 행동학적 불안으로 인한 이식 행동인지 구분하기란 쉽지 않다.

물론, 풀 자체는 해롭지 않지만, 그 위에 뿌려진 제초제나 살충제 등은 동물에게 독이 될 수 있고, 다른 개의 배설물에 의해 오염된 풀을 먹을 때 십이지장충이나 회충과 같은 기생충을 함께 섭취할 수 있으니 가급적으로 다른 먹거리를 제공하는 것이 안전할 수 있다.

(6) 과식증

야생에서 살아가는 동물은 누군가로부터 먹이를 제공받는 것이 아니라 스스로 먹이를 얻기 위해 상당히 많은 시간과 노력을 들이며 운동을 하기 때문에 비만이 되는 경우는 극히 드물다. 하지만 반려동물은 사냥이나 특별한 노력을 들이지 않아도 주인으로부터 먹이와 간식을 얻기 때문에 충분한 운동량을 채우지 못하면 비만이 되기 쉽다. 비만이 되면 운동능력이 떨어지기 때문에 육식동물은 사냥을 제대로 하지 못하게 되고 포식되는 동물들은 위험에 보다 쉽게 노출될 수 있다.

[반려동물비만도 측정]

신체조건지수(Body Condition Score; BCS)다. 평가를 위해서는 개와 고양이 모두 갈비뼈, 허리 라인, 복부 라인을 측정한다. 1~9단계로 구분되며 9단계 중 1~3은 마른 단계, 4~5는 정상, 6~9는 비만이다. 한 단계 올라갈 때마다 10%씩 비만도가 증가하며 BCS7이라면 약 20% 비만이라고 볼 수 있다.

Shaping up to PET OBESITY	신체조건지수(BCS)				
TOO THIN					
1 	갈비뼈, 흉부, 요추 등 모든 뼈의 돌출부를 멀리서도 볼 수 있고, 몸에는 거의 가죽만 남아있음	2 	육안으로 갈비뼈, 골반, 허리뼈가 확연히 드러나고, 복부가 과도하게 들어감	3 	갈비뼈가 쉽게 만져지고 육안으로 갈비뼈를 확인할 수 있음
IDEAL				ABOVE IDEAL	
	허리 라인의 확인이 가능하고 갈비뼈도 쉽게 만져짐		갈비뼈가 육안으로는 안 보이지만 만졌을 때 느껴지고, 허리 구분 가능		갈비뼈가 만져지며 약간의 지방이 덮여 있음. 허리는 위에서 볼 때 식별할 수 있지만 허리와 배 구분이 쉽지않음.
OVERWEIGHT		OBESE			
	갈비뼈가 만져지기 어렵고 두꺼운 지방으로 덮여짐. 허리가 없거나 거의 보이지 않음. 복근이 없을 수 있음		매우 두꺼운 지방으로 덮여있고, 갈비뼈가 만져지지 않음. 요추 부위와 꼬리 기저부에 지방이 많이 침착되고, 허리가 없음		흉부, 척추, 꼬리 기저부에 막대한 지방 축적되었고, 허리와 복부를 구분할 수 없음. 목과 팔다리에 지방 축적되었고, 복부가 팽창한 느낌

(7) 무식욕증

동물이 아무것도 먹으려고 하지 않고 점차 체중이 줄어간다면 이는 무식욕증으로 볼 수 있다. 이러한 증상은 동면이나 이주, 번식활동 등의 생리적으로 발현하는 일시적인 현상일 수도 있고, 신체적 질환이나 질병 및 노령으로 인해 발생하는 경우도 있다.

2) 배설행동

(1) 개의 배설행동

신생아기의 강아지는 스스로 배변을 할 수 없기에 모견이 항문이나 음부를 핥아 배설을 촉진시킨다. 이러한 배설행동의 시스템은 보금자리를 청결히 유지하는 데 효과적이고, 새끼의 배설물 냄새를 차단함으로써 적으로부터 새끼를 지키는 중요한 육아활동이기도 하다. 강아지가 스스로 배설을 시작하는 것은 이행기 이후부터이다. 이 시기에는 근육이나 신경이 다 발달하지 못했기 때문에 성견에 비해 배뇨횟수가 많다.

개는 본래 자신이 자거나 먹는 곳의 보금자리를 깨끗하게 유지하려는 성질이 있기에 배설활동을 하려 할 때 보금자리로부터 멀리 떨어진 곳으로 가서 하려고 한다. 자견의 배변교육은 정상적인 환경에서 자란 모견으로부터 학습할 수 있지만, 이른 시기에 가정으로 입양을 가게 된 경우라면 주인이 배변장소로 유도해주어 보금자리와 배변장소를 구분하는 교육을 별도로 해주어야 한다.

(2) 고양이의 배설행동

고양이는 화장실이 주어지면 특별한 훈련 없이도 정해놓은 장소에서 배변이 가능하다. 고양이에게 배설행동은 가장 본능적인 행위이자 배설물을 감춰 자신을 보호해야 하기 때문에 고양이의 화장실에는 모래가 꼭 필요하다. 고양이의 화장실은 소재가 매우 중요한데 보통 자신이 좋아하는 모래를 넣은 화장실이 배치되어 있다면 고양이는 스스로 배변을 가리게 되지만 선호하지 않는 모래가 있다면 배변 실수를 하게 될 확률이 높다. 만일, 부득이하게 배변장소를 변경할 경우에는 정해진 배변장소를 서서히 이동하거나 여러 개의 배변장소를 준비한 후 점차 목표하는 장소의 화장실만 최종적으로 남기는 방법을 이용하여 배변장소를 지정하는 것도 좋다. 왜냐하면, 고양이는 한번 사용한 배변장소를 계속해서 이용하는 경향이 높기 때문이다.

[고양이 모래의 종류]

고양이 모래는 크게 응고형과 흡수형으로 구분할 수 있다. 응고형 모래는 고양이의 수변을 흡수해서 덩어리를 만드는 것으로 벤토나이트, 두부 모래, 옥수수 모래가 있다. 벤토나이트는 입자가 작아 고양이가 좋아하고, 탈취효과도 좋으며 발바닥에 자극이 적은 편이나, 먼지가 많이 날리기 때문에 기관지에 안 좋을 수 있고, 주변이 쉽게 먼지로 더러워질 수 있다. 두부나 옥수수 모래는 사람이나 동물에게 무해한 친환경 재료를 사용해서 안전하지만 응고력이 낮고, 탈취력이 약하며, 고양이가 화장실로 인식하지 않는 경우도 있어 고양이의 선호도가 떨어지는 편이다. 흡수형 모래는 소변이 닿으면 그대로 흡수해버리는 스타일로 실리카겔, 우드펠릿, 종이펠릿 등이 있다. 실리카겔 모래는 강한 흡수력으로 먼지 날림도 적으나 상대적으로 가격이 비싸고, 탈취 효과가 적은 편이다. 펠릿모래는 소변에 흡수되는 즉시 부서지기 때문에 펠릿 전용 화장실을 준비해야 하는 단점이 있으나 가격이 저렴하고 변기에 버릴 수 있는 장점이 있다.

3) 마킹행동

마킹(Marking)은 일종의 표식행동으로 노폐물을 분뇨의 형태로 몸 밖으로 배출하는 배설행동과는 그 의미가 다르다. 마킹행동은 동물이 오줌, 분변 또는 피지선의 분비물 따위를 통한 냄새 감각에 의존하여 다른 개체와 소통하는 행동이다. 세력 확장, 공격, 새끼 보호 등을 목적으로 하며, 주로 포유류에서 많이 볼 수 있다. 마킹행동은 주로 수컷한테 자주 발현되는 성적이형 행동이지만 암컷에게도 나타나는 경우도 있다.

[성적이형]

성적이형이란 같은 종이 성별의 영향에 따라 생식기 외에도 다른 형질의 차이가 나타나는 것으로 2차 성징 외에도 크기, 무게, 무늬, 행동과 인지적 차이까지도 들 수 있다.

(1) 개의 마킹행동

개는 산책 시 여러 장소에서 배뇨를 하려고 하는데 자신의 영역에 냄새를 묻혀서 표식하는 행동이다. 한쪽 다리를 들고 가능한 높은 곳에 오줌을 묻히려는 행동은 암컷에서는 거의 보이지 않는 성적이형을 보이는 대표적인 행동의 예이다. 마킹행동은 실제 웅성호르몬인 안드로겐의 분비상태 연관이 있는데, 이러한 호르몬은 마킹의 빈도 변화에 상당히 큰 영향을 미친다. 마킹의 냄새에는 다양한 정보가 들어있다. 그 개체의 성별, 연령, 생리적 상태는 물론 자신보다 강한 개체인지 약한 개체인지 또한 유추할 수 있다.

(2) 고양이의 스프레이행동

고양이과 동물은 보통의 배뇨와는 다른 자세로 엉덩이를 높이고 수직의 대상물을 향해 오줌을 발사하는 오줌스프레이라는 표식행동을 한다. 스프레이는 개의 마킹처럼 자신의 영역을 표시하기 위해 하는 행동이다. 배설행동의 오줌과 마킹의 스프레이는 자세가 다르기 때문에 구분하기 용이하다. 스프레이를 할 때는 네 발로 꼿꼿이 선 다음 꼬리는 수직으로 세우는 자세를 취하는 반면, 배뇨를 할 때는 쭈그리고 앉는 자세를 취한다. 행하는 장소 역시 차이가 있다. 스프레이는 수평적인 장소보다 보통 수직적인 장소를 선호한다. 예를 들면, 벽이나 가구 등을 향해 발사하거나 커튼에서 하기도 한다. 반면, 배뇨를 실수하는 경우는 주로 수평적인 표면 침대나 매트, 바닥, 이불 등에 하곤 한다. 고양이의 스프레이 행동 역시 성적이형성이 보이며 수컷이 암컷보다 발생 빈도가 높다.

4) 그루밍행동

그루밍(Grooming)은 자신의 몸에 묻은 이물질을 제거하기 위해 혀에 침을 묻혀 온몸을 핥거나 이빨 · 발톱으로 털을 다듬는 행동으로 주로 고양이가 많이 하는 행동이다. 그루밍의 기능은 피부와 털의 청결을 유지해주고, 외부 기생충을 제거해주며, 죽은 털 제거 및 오염과 냄새 등을 제거하는 것이다. 또한 그루밍 행동은 청결유지 외에 행동발달에 큰 영향을 끼친다. 실제 개나 고양이 등 미숙한 상태로 태어나는 동물은 초기의 발달단계에 어미로부터 충분한 보살핌이 매우 중요하다. 이 시기에 그루밍을 받고 자라지 못하면 성장하여 불안경향이나 공격성이 높다. 즉 그루밍 행동은 가족이나 무리의 동료간의 친화적 행동으로서의 사회적 의미도 크다. 고양이는 개와는 달리 몸의 대부분을 스스로 그루밍하는 것이 가능하다. 실제 고양이는 일어나 있는 시간의 30~50%의 시간을 그루밍 행동에 사용하고 있다. 그러나 이러한 그루밍 행동은 모구증(Hairball)의 원인이 되기도 하며 심하면 수술을 감행해야 한다.

[모구증(hairball)]

고양이는 깨어있는 시간 중 4분의 1은 털 고르기를 하면서 보내는데 자신의 몸을 깨끗하게 하기 위해서 하는 이 행동은 청결유지 및 체온조절을 하는 등 이점이 있지만 고양이의 혀에는 벨크로처럼 생긴 돌기가 있어서 털을 핥게 되면 말려 들어가는 구조이기 때문에 필연적으로 털을 삼키게 된다. 그렇게 삼켜진 털은 대변으로 체외로 배출하게 되지만 미처 배출하지 못한 경우 위장 등의 소화기관에 쌓이게 되고 뭉치게 되어 위액과 함께 토해놓는 것을 모구증이라고 한다.

2. 사회행동

사회행동이란 혼자서 행동을 하는 것이 아닌 복수의 개체와의 상호작용과 연관하여 취하게 되는 행동으로 주변 다른 동물에게 영향을 주거나 다른 동물로부터 영향을 받으면서 하는 행동을 뜻한다. 종의 존속을 위해 하는 성행동, 영역이나 무리를 지키기 위해서 하는 공격행동, 다른 개체로부터 지키기 위한 방어행동, 여러 개체들이 무리를 이루어 생활할 때 우열을 가르는 서열행동, 새끼를 돌보는 양육행동, 다른 개체와 어울리는 놀이행동 등이 사회행동이라 볼 수 있다.

1) 성(性)행동

암수의 성행동은 동물이 자신의 유전자를 다음 세대로 계승하여 종의 존속을 하기 위한 교미행동이다. 수컷이 정자를 암컷의 생식기 내에 보내는 것을 목적으로 한 일련의 행동이다. 성행동에 대한 동기부여는 시상하부, 하수체, 성선축을 주체로 한 생식 내분비계의 영향을 강하게 받는다.

(1) 개의 성(性)행동

개는 발정기에 한 번만 배란하는 단발정동물이다. 암캐의 춘기발동은 생후 5개월에서 24개월 사이에 나타나는데 발정주기는 발정전기, 발정기, 발정후기, 무발정기로 나뉜다. 발정전기는 약 1주 정도 계속되며 그동안 음부에서 혈액이 혼합된 분비물이 배출된다. 그 안에 포함된 페로몬에 유인되어 수캐가 접근하는데 이 시기에는 아직 교미가 일어나지 않는다. 이후 발정기가 되면 비로소 암캐는 교미를 허용하게 되고, 곧 배란이 일어난다. 암캐는 발정기에 들어가면 수캐에게 바짝 다가가는 행동을 보인다. 또한 이 시기의 암컷은 주인에게 복종하지 않거나 얌전하지 못한 행동을 하는 등 성격의 변화가 일어나는 경우도 있다. 발정기에는 수캐에게 승가행동을 허용하는데 수용자세로 꼬리를 쳐들고 옆으로 움직이는 플래깅[1]을 한다.

수캐는 반년이 지나면 성(性) 성숙과정으로 교미가 가능해진다. 수캐는 발정기의 암캐가 분비하는 발정 페로몬 냄새를 맡으면 강하게 반응한다. 교미 전, 수캐는 암캐의 귀와 입을 핥고, 음부의 냄새를 맡으며 앞다리를 암컷의 등 쪽에 올리는 친화행동을 취한다. 교미결합[2]은 약 10~40분간이고, 개는 사정 후에 귀두구선이라는 음경의 밑부분이 질 안에서 비대화되어, 결합상태가 계속되고, 교미 후 결합이 유지된다.

---

1 플래깅(flagging): 암캐가 교배할 준비가 되었다는 뜻으로 수캐의 승가를 위해 기꺼이 꼬리를 옆으로 빼주어 외음부를 노출시키는 자세이다.

2 교미결합: 개에게 나타나는 독특한 성행동으로 생식기 잠금 행동이다. 즉, 수캐가 암캐에 올라타 사정이 일어난 후 양자가 음부를 결합한 채로 때로는 수십 분 동안 연결된 채로 있는 것이라고 한다.

(2) 고양이의 성(性)행동

암컷 고양이의 춘기발동은 생후 3개월 반에서 12개월 사이에 보인다. 발정전기에는 비비는 동작에 의한 표식행동이 증가하고, 발정기에는 '그르릉'대는 소리를 내면서 바닥에 구르는 행동을 나타낸다. 호르몬의 영향으로 분비된 페르몬을 맡고 수컷들이 모여드는데 발정기에는 수컷의 승가에 대해 공격적이지 않으며 로도시스[3] 자세를 유지한다. 수컷고양이는 암컷 고양이에게 올라타 교미하는데 그 직후 암컷고양이는 수컷 고양이를 뒤돌아 공격하는 경우도 있다. 이것은 수컷 생식기에 의한 통증이 원인일 수 있다. 고양이는 교미배란 동물로 교미하지 않으면 배란이 일어나지 않는데 봄부터 여름까지 발정기가 되면 난소에서 난포가 차례로 주기적으로 발육하며 발육의 피크에서는 호르몬의 분비가 높아져 발정행동이 일어난다고 한다.

수컷 고양이는 발정난 암컷이 근처에 있으면 표식행동으로 스프레이나 비비는 행동을 하기도 한다. 또한 암컷 고양이의 냄새를 맡으면 플레멘이라는 행동을 보이기도 한다.

2) 공격행동

공격행동(Aggressive Behavior)은 어떤 동물이 다른 동물을 위협하거나, 물리적인 압력을 가해 상대방을 제압하거나 물리치는 행동을 말한다. 공격행동은 여러 원인에 의해 나타나며 그 정도와 유형 역시 매우 다양하다. 공격행동은 감정을 수반하는지 아닌지에 따라 정동적 공격행동과 포식성 공격행동으로 구분한다. 정동적 반응을 수반하는 공격행동으로는 한정된 자원을 둘러싸고 일어나는 경합적 공격행동, 무리와 영역을 지키기 위해 경계를 발휘하는 영역적 공격행동, 자신의 세력권에 침입한 개체에게 보이는 사회적

---

3 로도시스(lordosis): 두 앞발을 뻗어 상체를 바닥에 붙이고, 엉덩이를 들어 올려 무릎을 구부리며 외음부를 노출하는 자세로 발정기 시기에 암컷 고양이가 수컷 고양이에게 보이는 자세로 승가 수용 자세이다. 암컷 고양이의 발정기에는 허리, 허벅지, 목덜미만 쓰다듬어도 이 자세를 취한다.

공격행동, 아픔을 동반하여 자극을 받으면 보이는 아픔에 의한 공격행동, 불안이나 공포를 느끼면 그 상황에서 벗어나려고 하는 공포에 의한 공격행동, 호르몬의 영향으로 성성숙 시기에 주로 일어나는 수컷 간의 공격행동 등이 있다. 포식성 공격행동은 감정을 수반하지 않은 비정동적 공격행동으로 포식자가 사냥감에 대해 보이는 공격행동을 뜻한다. 이외에 상황과 무관하게 예고 없이 갑자기 공격성을 보이는 것을 특발성 공격행동이라 하는데, 이는 관찰자의 시선으로는 원인을 알 수는 없지만, 실제 개체에 따라 다양한 원인이 내재되어 있을 수도 있고, 정신적인 원인으로 인한 병적인 공격일 수도 있다.

3) 친화행동

친화행동이란 정서적 유대와 상관없이 다른 개체와 긍정적인 정서적 관계를 맺고, 그 관계를 유지하려는 욕구나 동기 또는 행동을 뜻한다. 동물을 다양한 감각기관을 이용하여 개체를 식별한다. 반려견과 같은 경우는 일단 다른 개체를 만나면 서로의 냄새를 맡는 행동을 하는데, 이는 처음 보는 대상에 대해 알아가는 과정이자 상대에게 인사를 나누는 행동으로 볼 수 있다.

동물은 마음에 드는 상대에게 놀아달라는 몸짓과 함께 소리로 표현하며 적극적으로 놀이신호를 보내기도 한다. 또한 서로를 핥아주고, 서로에게 기대는 그루밍행동은 대표적인 친화행동으로 볼 수 있다.

학습정리

- 동물의 행동은 선천적인 요소와 학습된 요소 모두를 가지고 있고, 동물의 행동은 개체유지행동과 사회행동으로 분류될 수 있다.
- 개체유지행동이란 각 동물이 살아가기 위해서 반드시 필요로 하는 행동으로 굳이 다른 대상과 함께하지 않더라도 스스로 할 수 있는 개별적인 행동을 말한다.
- 사회행동이란 혼자서 행동을 하는 것이 아닌 복수의 개체와의 상호작용과 연관하여 취하게 되는 행동으로 주변 다른 동물에게 영향을 주거나 다른 동물로부터 영향을 받으면서 하는 행동을 뜻한다.

1. 각 동물 개체가 생존을 위해 필수적으로 하는 개별적인 행동을 무엇이라고 하는지 고르시오.

① 개체유지행동	② 텃새행동
③ 사회행동	④ 학습행동

2. 개의 섭식행동으로 옳지 않은 것을 고르시오.

① 체온조절에 중요한 역할 담당한다.
② 개는 잡식동물의 소화기관을 가지고 있다.
③ 섭식량은 성장단계, 활동 정도, 체내대사와는 별도로 양을 고정하는 것이 좋다.
④ 강아지의 이유식은 4주경부터 시작하여 60일경에 종료되고, 12주가 정도가 되면 완전한 마른 먹이의 섭취가 가능해진다.

3. 그루밍 행동의 기능이 아닌 것을 고르시오.

① 피부, 털 청결유지	② 외부 기생충 제거
③ 오염과 냄새 제거	④ 피부자극 반응 둔감화

4. 고양이의 배설행동으로 옳은 것을 고르시오.

① 배설과 마킹행동은 동일한 개념이다.
② 고양이는 한번 사용한 배설장소보다는 새로운 장소를 찾는 경향이 높다.
③ 고양이는 안전한 공간에 깨끗한 화장실이 주어지면 특별한 훈련 없이도 배변을 가리는 것이 가능하다.
④ 스프레이 현상은 중성화하지 않은 수컷이나 영역문제로 불안을 느끼는 수컷 고양이에게만 주로 나타나는 표식행동이다.

5. 타 종, 타 개체와의 상호작용과 연관하여 취하게 되는 행동은 무엇인가?

1. ① 2. ③ 3. ④ 4. ③ 5. 사회행동

3장
동물행동의 분류

학습목표

1. 행동의 발생 양성에 따른 분류를 이해할 수 있다.
2. 행동발생 요인에 따른 분류를 이해할 수 있다.

1. 행동의 발생 양상에 따른 분류

동물의 행동은 발생 조건과 양상에 따라 크게 네 가지로 분류하는데 정상행동과 이상행동, 문제행동, 상동행동으로 구분할 수 있다. 반려동물 행동상담사나 반려동물 행동 관련 전문가는 위와 같이 분류한 행동의 각각의 차이를 구분하고, 자신이 관찰하는 동물이 나타내는 행동은 어느 범주에 속하는지 구분할 수 있어야 한다.

1) 정상행동

'정상행동(Normal behaviors)'의 정상(正常)이란 평범한 상태를 뜻하며 행동학적 측면에서 살펴보면, 동물이 가장 흔하게 한결같이 하는 행동이자 충분히 예상되는 행동이라 할 수 있다. 하지만 '정상'이라는 개념은 매우 유동적이기 때문에 쉽게 정의를 내리기 어렵다. 특히 반려동물에게 '정상'이라는 잣대는 사람의 편의에 맞게 많이 왜곡되어 있기 때문이다. 예를 들어 개의 짖음은 상황에 따라서는 매우 정상적인 행동이지만, 어떤 반려인에게는 개의 짖음이 가족 간의 불화 및 이웃과의 충돌을 겪게 하는 문제행동일 수도 있다. 때때로 이러한 이해는 종(種)의 차이를 넘어 사회적 기대, 규범, 가치, 관습까지 포함하기도 한다. 즉 반려동물의 정상적인 행동이란 각 개체에게 일어날 수 있는 충분히 예상되는 행동으로 동물이 다른 동물 및 사람과 상호작용하면서 삶을 살아가는 사회적 기대와 일치한다고 볼 수 있다.

[반려동물의 정상기준]

건강하면 정상이다(Normality as health): 신체적인 건강은 정상적인 상태와 매우 밀접한 연관이 있다. 즉, 병적인 증상이 없어야 정상이라는 뜻으로 '고통이 없는', '불안이 없는', '과도한 스트레스가 없는 상태'가 정상이다.

보통(평균)이 정상이다(Normality as average): 통계학적인 관점에서 볼 때 소수의 경우가 아닌 다수의 경우에 포함되어야 정상이라고 본다.

성장과 변화가 있어야 정상이다(Normality as process): 시간의 경과에 따라 성장하고 변화해야 정상이라는 것이다. 발달학적 관점에서 바라본 정상의 정의다.

2) 이상행동

'이상행동(Abnormal behaviors)'의 '이상(異常)'이라는 한자의 뜻처럼 '정상(正常)'과 다름을 의미한다. 동물의 행동이 항상 일정할 수는 없지만, 행동의 유형과 빈도에 있어서는 일정한 정상의 범위를 보이기 마련이다. 그런데 그 정상의 범위를 벗어나게 되면 이상행동으로 간주한다. 즉, 동물들이 정상적인 범위를 넘어선 행동을 보이는 경우를 이상행동이라고 하며, 이러한 이상행동은 여러 다양한 원인들이 복합적으로 작용해서 나타난다. 동물이 이상행동을 보이는 이유는 주로 먹이와 물, 온도, 번식, 영역 등 생존에 필요한 가장 기본적인 환경의 결핍과 사육시설, 사육 밀도, 소음, 관리자 등 주변 환경으로부터 오는 스트레스, 외부에서 오는 충격적인 경험으로 인한 트라우마 등을 꼽을 수 있다. 일반적으로 이러한 이상행동은 자연 상태나 야생 상태의 동물보다는 가축화된 동물이나 반려동물에게 더욱 빈번하게 관찰된다.

반려동물이 보이는 4가지 행동 유형

정상행동 Normal behaviors	원인과 목적이 있는 반려견의 행동 평범하고, 흔하며 다수에게 관찰되는 행동
이상행동 Abnormal behaviors	종(種)특이적 행동의 정상적 기준에서 벗어난 행동 통계적 기준에서 벗어나는 행동
문제행동 Problematic behaviors	주인이 불편하다고 느끼는 반려동물의 행동 정상행동일 수도 있고 이상행동일 수도 있음
상동행동 Stereotypical behaviors	원인과 목적 없이 습관처럼 반복하는 동물의 행동 특별한 상황에서 발생하기도 하고, 일정한 간격을 두고 발생하기도 함

일반적으로, 동물원에서 사육되고 있는 동물이나, 경제적인 목적으로 사육되고 있는 소, 닭, 돼지와 같은 산업동물에게 많이 발생하고 있는 것으로 알려져 있다. 왜냐하면 제

한된 공간에 너무 많은 개체 수의 동물을 사육하는 방법은 공간적 협소함으로 인해 영역다툼이 일어날 수 있고, 동물의 행동과 생태에 적합하지 않은 사육시설은 운동부족은 물론 정신적으로 동물에게 큰 스트레스를 줄 수 있기 때문이다.

이러한 이상행동의 유형으로는 우선 외부 자극에 대해 과도하게 민감하거나 전혀 다른 형태로 반응하는 경우를 보일 수 있다. 반대로 외부로부터의 자극에 대해 아무 반응이 없거나 움직이지도 않은 행동을 보이는 경우도 있다. 혹은 다른 동물에게 물리적으로 압박을 하는 공격적인 행동을 보이기도 하며 이러한 공격성이 정상적인 범위를 넘어서 신체적인 위해를 입혀 다른 동물을 공격하거나 신체의 일부를 먹는 행동을 드러내는 경우도 있다.

3) 문제행동

'문제행동(Problematic behaviors)'은 누군가 불편하다고 느끼는 반려동물의 행동으로 반드시 문제시하는 대상이 있어야 한다. 문제행동은 크게 2가지로 구분할 수 있는데 우선 동물에게 지극히 정상적인 행동이지만 보호자나 누군가가 불편해하는 정상행동과 누군가가 불편해하는 동물의 비정상적인 행동이 있다. 우리는 문제행동의 정의를 어떻게 내릴 수 있을까? 사실, 우리가 문제행동이라고 여기고 있는 수많은 반려동물의 행동은 전혀 이상할 것 없는, 매우 정상적인 행동일 수 있다. 일본의 낙농대학(酪農学園大学)의 미나시 요시코(南 佳子) 교수에 따르면, 이상행동과 문제행동을 다음과 같이 정의하고 있다.

이상행동이란

1. 본래 가지고 있어야 할 종 특유의 행동이 아닌 행동을 보일 때
2. 고유의 행동을 발현하지만, 그 행동의 빈도가 비정상적으로 높거나 낮을 때
3. 그 고유의 행동을 보이지 않을 때

문제행동이란

일단, 문제행동은 그 행동을 문제시하는 사람의 존재가 꼭 필요하다는 전제하에,

1. 주인 또는 제3자가 문제시하고 동물의 이상행동
2. 주인 또는 제3자가 문제시하는 동물의 정상행동

즉, 문제행동은 그 행동을 받아들이는 주체에 따라 동물의 정상행동일 수도 있고, 이상행동일 수도 있다. 이는 보호자가 자신이 키우는 동물에 대한 종특이적 행동에 대한 이해를 하지 못하게 된다면 정상행동을 문제행동이라 오판하기 쉽다는 의미이다. 전문가라면 보호자가 문제시하는 문제행동이 이상행동인지 정상행동인지 구분할 수 있어야 하고, 보호자한테 설명하며 이해시킬 수도 있어야 한다. 문제행동이 있는 동물은 안락사되거나 유기되는 경우가 많기 때문이다. 전문가는 보호자가 동물을 적절하게 교육하고 올바르게 관리하여 문제행동을 예방할 수 있도록 도와주어야 한다. 또한 문제행동이 일어날 수 있는 근본적인 원인을 깨닫고, 환경 및 상황을 개선할 수 있도록 조언해주어야 한다.

4) 상동행동

마지막으로 '상동행동(Stereotypical behaviors)'은 자신의 꼬리를 계속 뒤쫓는다거나 옆구리를 끊임없이 핥는 등 목적 없이 습관적으로 반복하는 행동을 말한다. 주로 매우 무료한 생활을 하거나 주인과의 상호관계가 부족한 반려동물에게 나타나기도 하고, 좁은 곳에서 갇혀 사는 동물의 누적한 스트레스나 지속적인 불안이 원인이 되어 나타나기도 한다. 이러한 행동은 보통 동물원이나 축산 농가에서 길러지는 동물들에게서 많이 보이는

행동인데, 보통 종 고유의 행동을 발현할 수 없는 환경에서 오는 심리적 갈등, 불안감, 무료함, 행동의 제약, 운동 부족 등이 그 원인이 될 수 있다.

흔한 경우는 아니지만, 보호자가 반려동물의 상동행동을 야기할 수도 있다. 예를 들어, 반려견이 장난스럽게 꼬리를 뒤쫓거나 손전등 불빛을 잡으려고 따라갈 때 보호자는 그 행동이 귀엽다고 이를 무심결에 부추길 수 있는데 이러한 보호자의 과한 반응은 반려견으로 하여금 그 행동을 강화시키는 동기가 될 수 있다. 또한, 우발적인 상동행동을 취했을 때 신경전달물질인 엔도르핀이 방출되어 그것에 의한 강화가 일어나 그 행동을 반복하게 되는 경우도 있다. 그런 행동이 조건화되어 안착하게 되면, 반려견이 미친 듯이 꼬리를 물거나 파리를 쫓는 강박적인 상동행동을 일으킬 수 있다. 정상적인 개라면 일시적으로 그런 행동을 보이다가도 금세 멈출 수 있지만, 정서적으로 연약한 개라면 상동행동이 고착될 수 있다.

정형행동이라고도 부르는 상동행동의 증상은 단순히 행동수정의 범위를 넘어서는 경우가 많다. 심한 경우, 훈련이나 행동교정으로만 다가가는 것보다는 의학적인 접근과 도움을 받아 협업하는 것이 효율적일 수 있다. 강박장애가 있는 환자에게 약물요법을 시도하는 것처럼, 지나친 상동행동을 보이는 반려동물 역시 약물을 투여하고, 행동치료를 병행하는 것이 증세를 완화시키는 데 도움이 될 수 있다. 단, 약물투여만으로는 문제행동이 완전히 해소되기 어렵기 때문에 약물치료는 행동수정법을 보조하는 형태로 이용되는 경우가 많다. 공격행동이나 상동장애, 분리불안과 같은 문제행동에는 뇌에서 정보를 전달하는 세로토닌이나 노르아드레날린과 같은 신경전달물질이 영향을 미치기 때문에 미국이나 유럽에서는 문제행동치료 시 이러한 신경전달물질의 기능을 조절하도록 작용하는 다양한 향중추약이나 클로미프라민, 세르트랄린, 파록세틴, 플루옥세틴 같은 신경전달물질이 널리 이용되고 있다고 한다.

상동행동

- 목적 없이 반복적으로 나타나는 행동
- 스트레스 환경과 갈등 시에 생긴 전위행동이 정착된 것
- 그 행동이 동물에게 하나의 레퍼토리가 된 것

상동증적 운동장애

- 운동적인 것: 꼬리 쫓기, 그림자 쫓기
- 입을 사용하는 것: 옆구리 털을 물어뜯는 행동, 다리나 발을 핥는 행동으로 생긴 피부염, 공기 핥기(air licking)
- 공격적인 것: 꼬리 물기, 다리 물기, 밥그릇 공격
- 발성을 내는 것: 단조롭게 짖는 행동, 지속적인 울부짖음
- 환각 행동: 허공 물기, 응시

다양한 상동행동의 패턴

- 페이싱(pacing): 실내를 계속 이리저리 왔다 갔다 하는 행동
- 록킹/스웨잉(rocking/swaying): 머리 혹은 신체 특정 부위를 좌우로 혹은 앞뒤로 계속 흔드는 행동
- 러빙(rubbing): 벽에 이마를 과도하게 문지르는 행동
- 테일 바이팅(tail biting): 다른 개체의 꼬리를 물어 씹는 행동
- 포잉(pawing): 실내에서 벽이나 바닥을 반복적으로 긁는 행동
- 키킹(kicking): 반복하여 발길질하는 행동
- 헤드 쉐이킹(head shaking): 머리를 지속적으로 흔드는 행동
- 아이 롤링(eye rolling): 눈알을 계속 돌리는 행동
- 샴 츄잉(sham chewing): 먹이가 없는 상태에서 빈 입으로 씹는 행동

경미한 상동행동 중에는 전문가의 세심한 주의와 관찰, 적절한 훈련 및 조취를 취해서 상태가 호전될 수 있는 경우도 있지만 상동행동이 지속적으로 반복되면 심각한 상동장애로 발전할 수 있다. 스트레스나 갈등 상황이 아닌 경우에도 상동행동이 장시간, 지속적으로 반복되어 행동 제어가 곤란해져서 주인의 생활에 커다란 지장을 초래하게 된다.

스트레스를 줄이거나 자극과 갈등의 근원을 줄이는 방법을 찾는 것이 상동행동 치료의 첫 번째 단계이다. 동물의 종특이성을 통해 발현되는 본능적인 행동들을 평소 얼마나 자주 방해하고 억압해왔는가 주변을 살펴보는 것이 필요하다. 여기에는 기본적인 의식주뿐만 아니라 충분한 운동과 놀이, 보호자의 사랑과 관심이 포함되어야 한다.

2. 행동발생 요인에 따른 분류

동물의 행동에는 다양한 요인이 영향을 준다. 유전과 같이 선천적인 영향뿐 아니라 경험이나 학습과 같이 후천적으로 영향을 주는 요인도 있다.

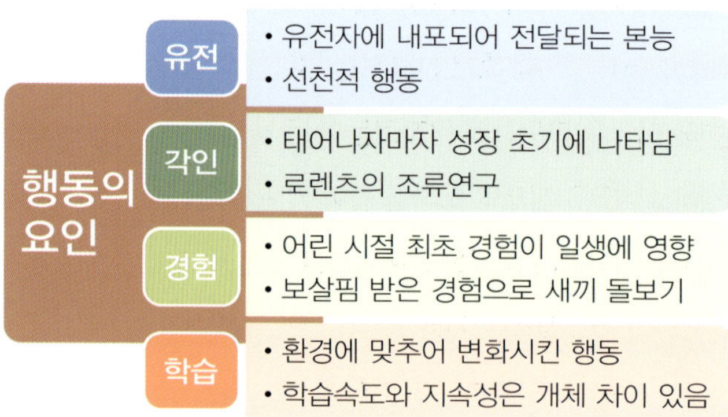

행동의 요인에 따른 분류

1) 유전

모든 살아있는 생물은 생식을 통해서 자손을 남긴다. 생식을 통해 자손을 남길 때 부모가 가지고 있는 고유한 특성과 형질이 그 자손에게 그대로 전달되는 것을 유전(遺傳)이라고 한다. 이렇게 자손이 만들어질 때 부모가 가지고 있는 특성, 예를 들어 동물의 털 길이나 색깔, 눈 모양, 크기, 성향 등의 특성이 자손에게 전달된다. 이러한 유전적인 요인은 동물의 생김새 외에 동물의 행동에도 많은 영향을 준다. 이를테면 태어난 후 어미나 주변의 다른 동물들로부터의 영향이나 상호작용 없이도 동물이 보이는 선천적인 행동들이 바로 유전에 의한 것이라고 할 수 있다. 예를 들어, 사냥견은 다른 견종에 비해 교육이나 훈련 없이도 사냥감을 쫓는 행동을 보인다. 이는 사냥견은 사냥을 잘하는 개체끼리 교배해 만든 것이고, 양몰이견은 움직이는 물체를 잘 쫓는 개체끼리, 투견은 강하고 공격적인 개체끼리만 교배한 결과물이다. 이렇게 유전적 특성은 동물의 행동이나 성향에도 큰 영향을 미친다.

2) 각인

발달기의 특정 시기인 결정적 시기에 특정 자극이나 환경에 매우 민감하게 반응하여 학습이 일어나는 것을 각인(imprinting)이라고 한다. 각인은 일부 동물에서 관찰되며 생후 초기의 제한된 기간 내에서만 일어나는 현상으로 어미 대신 다른 동물에게 강력하고 구체적인 애착이 발달하는 현상이다.

각인은 집단으로 생활하고, 출생 후 곧 움직이며, 천적의 강한 위협 하에 있는 조류와 포유류에서 나타나며 각인을 통해 해당 동물이 강한 애착기제로 진화한다는 것을 알 수 있다. 또한 각인은 동물의 생후 초기의 특정한 시기에 나타나는데, 이 특정한 시기란 결정적인 시기를 뜻한다. 결정적 시기 이전이나 이후에 대상에 노출되면 애착은 형성되지 않는다. 즉, 일단 결정적 시기가 경과하면 그 동물로 하여금 다른 대상에게 애착하도록 하는 것이 불가능해진다. 보통 어미 양은 태어난 지 몇 시간 만에 새끼 양의 냄새를 기억하고, 어미는 각인을 통해 무리의 다른 암컷의 새끼들 중에서도 자신의 새끼를 선택적으로 인식하고 돌볼 수 있다. 반대로 새끼는 부모에게 각인되기도 하는데 일반적으로 거위와 같은 조류에서 발생한다. 보통 거위는 부화 후 가장 처음 인식한 어미 거위를 각인하여 어미 거위가 가는 곳마다 따라다닌다. 이러한 행동을 통해 어미 거위는 새끼를 보호하고 생존에 필요한 기술을 가르칠 수 있다.

1930년대에 콘라트 로렌츠[1]는 새끼기러기가 결정적 시기에 처음으로 보는 크고 움직이는 물체에 각인을 한다는 것을 실험을 통해 증명하였는데, 이 실험은 환경에 존재하는 자극이 임계기 동안 각인의 대상을 결정한다는 것을 보여주었다. 따라서 각인은 각인에 대한 본능적인 행동과 경험을 바탕으로 한 학습의 결합에서 비롯된다. 각인은 임계 기간 내에만 발생하며 결정적 시기(임계기)가 종료된 후에는 변경할 수 없다. 그러한 이유로 만일 인간에게 각인된 새끼 기러기는 나중에 어미에게 노출되더라도 인간을 어미로 여기며 계속 인간을 따라다닐 것이다.

3) 경험

경험이란 주위 환경과 갖는 육체적이고 정신적인 접촉의 총화를 의미한다. 동물의 행동은 학습에 의해서만이 아니라 생활에서 겪어본 많은 경험을 통해 행동을 발달시키기도 한다. 특히 어릴 적의 초기 경험(early experience)은 동물들이 일생을 살아가며 하는 많은 행동에 영향을 준다. 예를 들면, 반려견이 태어난 후 어미견의 보살핌을 받으며 동배견들과 함께 어울리며 자란 아이들은 정상적인 행동을 하며 성견으로 성장한다. 반면 태어난 후 얼마 되지 않아 어미견으로부터 강제로 분리되어 자란 개체들은 어미의 보살핌이나 다른 개체들과의 상호관계 없이 고립되어 성장하였기 때문에 정상적인 행동을 발현하기가 어렵고, 타 개체와의 사회성이 많이 떨어진다.

4) 학습

학습이란 생존을 위해 유전자만으로 해결할 수 없는 환경의 변화에 대처해 나가는 것으로 어미나 다른 동물들로부터 살아가는 데 필요한 방법을 배우는 것이다. 대표적인 예로 먹이를 찾는 방법이나 사냥하는 방법 등이 있다. 동물에 따라 이런 학습행동을 하는 기간은 다르다. 또한 같은 종의 동물이라도 살고 있는 환경의 특성에 따라 다르게 나타나기도 한다. 즉 주변 환경이나 상황에 적합한 행동을 어미나 타개체로부터 배우면서 동물은 더욱 많은 시행착오를 거쳐서 독립된 개체로 성장할 수 있다.

---

1 콘라트 로렌츠(Konrad Z. Lorenz)는 오스트리아의 동물학자, 조류학자로 니코 틴버겐(Nikolaas Tinbergen), 카를 폰 프리슈(Karl von Frisch)와 함께 1973년 노벨 생리의학상을 공동 수상했다. 로렌츠는 거위와 함께 일하면서 새끼 거위가 부화 후 처음으로 보는 움직이는 물체와 본능적으로 결합하는 과정인 각인의 원리를 조사했다.

학습정리

- 동물의 행동은 행동발생 요인에 따라 유전, 각인, 경험, 학습으로 분류할 수 있다.
- 문제행동이란 그 행동을 문제시하는 사람의 존재가 꼭 필요하다는 전제하에 주인 또는 제3자가 문제시하고 동물의 이상행동이나 정상행동을 뜻한다.
- 이상행동이란 본래 가지고 있어야 할 종 특유의 행동이 아닌 행동을 보이거나 고유의 행동을 발현하지만, 그 행동의 빈도가 비정상적으로 높거나 낮을 때, 혹은 그 종 특유의 행동을 보이지 않을 때를 뜻한다.
- 상동행동은 목적 없이 반복적으로 나타나는 행동으로 스트레스 환경과 갈등 시에 생긴 전위행동이 정착되어 그 행동이 동물에게 하나의 레퍼토리가 된 것이다.

1. 어미 혹은 다른 동물들로부터 살아가는 데 필요한 기술이나 처신 방법 등을 배워서 하는 행동을 무엇이라 하는지 고르시오.

① 개체유지행동	② 텃새행동
③ 사회행동	④ 학습행동

2. 다양한 상동행동의 패턴과 설명이 올바르지 않은 것을 고르시오.

① 러빙(rubbing): 벽에 이마를 과도하게 문지르는 행동
② 키킹(kicking): 반복하여 발길질하는 행동
③ 샴 츄잉(sham chewing): 다른 개체의 꼬리를 물어 씹는 행동
④ 포잉(pawing): 실내에서 벽이나 바닥을 반복적으로 긁는 행동.

3. (　　)에 들어갈 말을 쓰시오

(　　)이란 그 행동을 문제시하는 사람의 존재가 꼭 필요하다는 전제하에 주인 또는 제3자가 문제시하고 동물의 이상행동이나 정상행동을 뜻한다.

4. (　　)에 들어갈 말을 쓰시오

(　　)이란 본래 가지고 있어야 할 종 특유의 행동이 아닌 행동을 보이거나 고유의 행동을 발현하지만, 그 행동의 빈도가 비정상적으로 높거나 낮을 때, 혹은 그 종 특유의 행동을 보이지 않을 때를 뜻한다.

5. 새끼기러기가 결정적 시기에 처음으로 보는 크고 움직이는 물체를 부모로 여기는 현상을 무엇이라고 하는지 고르시오.

① 학습　　② 경험
③ 유전　　④ 각인

6. 동물은 생후 초기에 애착이 형성되는데 만일, 이 특정한 시기를 놓치면 다른 대상에게 애착이 형성되는 것이 불가능해진다. 이 시기를 무엇이라고 하는지 쓰시오.

1. ④ 2. ③ 3. 문제행동 4. 이상행동 5. ④ 6. 결정적 시기 또는 임계기

4장
커뮤니케이션

학습목표

1. 청각을 통한 커뮤니케이션은 무슨 의미인지 어떠한 종류가 있는지 구체적으로 설명할 수 있다.
2. 후각을 통한 커뮤니케이션은 무슨 의미인지 어떠한 종류가 있는지 구체적으로 설명할 수 있다.
3. 시각을 통한 커뮤니케이션은 무슨 의미인지 어떠한 종류가 있는지 구체적으로 설명할 수 있다.

미국 UCLA대학의 심리학 교수인 앨버트 메라비언(Albert Mehrabian)은 자신의 저서 『침묵의 메시지』에서 일상 대화 중에 보디랭귀지(body language)의 중요성에 대해 이야기했다.

언어와 문제를 사용하는 인간 사회에서조차 입을 통해 전달되는 메시지는 고작 대화의 7%밖에 되지 않으며, 나머지 93%가 시각이나 청각과 같은 '침묵의 메시지'로 채워져 있다고 주장했다. 말하는 사람의 자세나 용모, 손동작 같은 제스처가 55%로 대화의 가장 많은 부분을 차지하고, 목소리나 음색, 어조 등 청각적 요소가 38%를 담당한다는 것이다. 그래서 우리는 본능적으로 상대방의 보디랭귀지를 통해 언어 아래에 놓인 정보들을 얻을 수 있다고 한다.

우리가 이렇게 침묵의 메시지를 능숙하게 다룰 수 있는 이유는 언어가 출현하기 이전부터 가지고 있었던 동물적인 본능에서 유래한다고 볼 수 있다. 오랜 진화 과정을 통해 사람은 언어와 함께 많은 비언어적 대화를 익혀왔다. 그런 의미에서 인간과 개는 같은 진화 과정을 거쳤다. 우리가 기르는 반려견들 또한 보디랭귀지를 통해 의사소통을 할 수 있기 때문이다. 개도 자신의 감정과 의도를 주위 사람들에게 전달할 수 있는 언어를 가지고 있다. 비록 개들이 소리와 신호를 사용하기도 하지만, 그들이 보내는 많은 정보는 그들의 신체언어, 즉 그들의 보디랭귀지를 통해 전달된다.

1. 반려동물이 보내는 신호

'행동이 말보다 더 큰 소리로 말한다.'라는 영국 속담이 있다. 인간만 언어가 있는 것이 아니다. 동물에게도 나름의 언어가 있다. 단지 입이 아닌 몸으로 말할 뿐이다. 누구라도 동물의 보디랭귀지를 이해할 수 있다면 반려동물과 보다 친밀한 관계를 맺을 수 있다. 사람도 마음에 드는 사람에게는 몸을 돌려 그의 말을 경청하고 대화 중에 연신 고개를 끄덕인다. 사소한 농담에 웃고 추임새를 넣기도 한다. 반면 마음에 들지 않는 사람이라면 몸을 뒤로 젖히거나 팔짱을 끼고 그의 말을 듣는 둥 마는 둥 한다. 개 역시 동일한 몸짓언어를 사람에게 보낸다. 그리고 여기에는 일정한 문법이 있다.

개들은 주인에게 일정한 커뮤니케이션 신호를 보내는데, 이는 마치 아무 말도 하지 못하는 신생아가 자신의 엄마에게 보내는 신호와 유사하다. 반려견이 보내는 커뮤니케이션 방식에는 크게 청각적 커뮤니케이션과 시각적 커뮤니케이션, 후각적 커뮤니케이션이 있다. 개들은 귀와 눈, 코를 언어처럼 사용한다는 것이다. 특히 청각은 다양한 종류의 울부짖음을 통해 의사를 전달하는 필수적인 통로이다. 특히 개는 청각적 커뮤니케이션이 발달한 동물로 다양한 소리를 통해 의사소통이 가능해진다. 이러한 정보들은 개가 취하는 다양한 자세들을 통해 더욱 명확해진다.

미국 매사추세츠대학의 동물행동학 교수 캐서린 로드(Kathryn Lord)와 동료들은 개의 짖는 소리를 구분하여 번역할 수 있다고 발표했다. 심지어 브리티시컬럼비아대학의 심리학 교수 스탠리 코렌(Stanley Coren)은 이러한 개 짖는 소리를 분류하여 용어집도 만들었다. 그는 개의 짖는 행위를 음의 고저와 길이, 그리고 빈도로 구분하고 이 3가지 요소가 결합하여 개의 정서와 의도를 알아낼 수 있다고 주장했다. 개의 으르렁거리는 저음의 소리는 보통 위협, 분노, 공격 가능성을 나타내기 때문에, "당장 나에게서 떨어져."라는 말로 해석될 수 있다. 반면 '캉캉~, 왈왈~'처럼 높은 음조의 소리는 그와 정반대의 의도를 의미할 수 있다. 또한 그에 따르면, 개 짖는 소리가 길어질수록 개는 앞으로 무슨 일이 일어날지에 대해 의식적인 결정을 내릴 가능성이 더 높다고 한다. 수컷의 위협적인 으르렁거림은 저음이면서 길고 지속적인 경우가 많다. 자주 그리고 빠른 속도로 반복되는 짖음은 흥분과 급박함의 정도를 나타낸다.

청각뿐만 아니라 시각과 후각 역시 개에게 매우 중요한 의사소통 도구이다. 예를 들어, 개의 쫑긋 세운 귀는 공격을 암시하며, 뒷다리 사이로 말려 들어간 꼬리는 두려움을 나타낸다. 본능적으로 개는 자신의 감정 상태를 드러내는데, 인간처럼 고의적인 방식의 의사소통이 아니라 신체에서 자연스럽게 드러난다. 이를 '감정신호(emotional signals)'라고 한다.

2. 개의 커뮤니케이션

1) 개의 청각 커뮤니케이션

[청각 커뮤니케이션의 특징]

- 장거리 커뮤니케이션에 효과적이다.
- 단, 소리 내는 방법에 따라 근거리 또는 중거리 소통 가능하다.
- 표시하고자 하는 내용에 따라 시각 커뮤니케이션이 더해지기도 한다.
- 짖는 방법과 강도는 상황에 따라 달라질 수 있다.

(1) 짖기를 유발하는 자극

- 다른 개나 다른 동물의 울음소리
- 초인종, 자동차나 오토바이 소리
- 행인 및 다른 개의 모습
- 주인의 외출이나 귀가, 방문객 등

(2) 짖음의 원인

- 개체의 성질: 불안정도, 경계심, 과민성, 영역의식
- 환경요인: 다두사육에 의한 사회적 촉진, 사회화 부족, 운동부족, 주인의 애정부족, 스트레스, 소음
- 주인에 의한 강화

(3) 일반적 짖기

- 경계, 경고, 방어, 공포, 놀이, 권유, 인사, 관심 요구
- 높은 주파수의 짖기는 인사나 놀이를 유일할 때 사용
- 저음은 경계, 경고, 방어 시에 사용
- 한 번 짖기는 경계나 경고 시
- 지속적인 짖기는 방어, 공포 시

(4) 멀리서 짖기

- 다른 개체의 소리에 대한 응답이나 다른 개체를 불러들이는 것 등이 목적
- 일정하게 음이 길고, 30초 정도 지속되는 발성
- 늑대에서 잘 나타나는 이 발성은 북방 견종에 보임

(5) 으르렁거림

- 위협이나 방어를 위한 경우가 대부분
- 놀이나 관심을 얻기 위한 목적도 있음
- 주인과의 놀이 시에도 흥분에 의해 나타남

(6) 콧소리

- 인사, 욕구불만, 복종, 공포나 고통과 수반되어 나타남
- 불안과 갈등상태에 있는 경우
- 주로 신생아기부터 청년기에 많이 하지만 성장 후에도 상황에 따라 나타남

2) 개의 시각 커뮤니케이션

[시각 커뮤니케이션의 특징]

- 근거리 또는 중거리 커뮤니케이션에 효과적이다.
- 장거리 커뮤니케이션으로는 효과적이지 못하다.
- 늑대 무리에서는 자세나 표정 변화의 시각표시로 동료 간의 커뮤니케이션을 한다.
- 시각을 통한 커뮤니케이션은 개와 개, 개와 사람의 커뮤니케이션에도 중요한 전달양식이 될 수 있다.

(1) 우의 자세

- 곧게 서고, 꼬리를 높이 쳐드는 모습
- 머리는 정면을 응시하며 높게 쳐들고, 귀는 앞을 향해 곧게 세워진 모습
- 으르렁거리며, 이빨을 살짝 드러내는 등 행동과 병행할 수 있음
- 앞다리를 상대에게 싣거나 상대의 위에 타는 경우도 있음

우의성 공격행동

- 우의성 공격행동과 방어형 공격행동은 동일하지 않음
- 우위 자세는 이미 확립된 개체 간의 우열관계를 인정함
- 우위 자세를 하는 이유는 자원확보, 장소점유 등 원인이 될 수 있음

(2) 공격 자세

- 이빨이 다 보일 정도로 입을 벌려 지배 자세를 취함
- 목이나 등의 털을 세우는 모습
- 꼬리를 높게 쳐드는 동작

(3) 복종 자세

- 다리를 구부리고 자세를 낮춤
- 머리를 내리고, 귀를 눕히고 꼬리를 말기도 함
- 꼬리를 아래쪽에서 천천히 흔들기도 함
- 상대의 입 주변을 핥음

(4) 불안, 공포 자세

- 복종 자세와 비슷해 보이지만 공격으로 발전하기도 함
- 공포로 인한 공격 자세는 입을 크게 벌리고, 동공을 크게 열어 체중을 뒤쪽으로 이동시킴
- 시선은 공포대상으로부터 명확하게 회피

불안을 나타내는 자세

(5) 기쁨, 친화 자세

- 꼬리가 좌우로 움직이는데 감정이 고조될수록 빨라짐
- 유연하게 허리 전체를 움직이는 것처럼 넓은 범위의 움직임이 있는 경우는 우호성을 표현
- 놀이행동의 신호로 플레이바우(play bow)[1]라는 놀이 인사를 행함

다양한 놀이유도 자세

1 플레이바우(play bow)는 앞다리 양쪽을 구부리고, 머리를 낮게 숙이며 엉덩이를 쳐들고 꼬리를 흔드는 상태로 일반적으로 개가 상대에게 놀고 싶다는 표시로 그런 행동을 한다.

[후각 커뮤니케이션의 특징]

- 종이나 성별, 가족과 무리, 그리고 특정 개체의 정체성에 관련된 매우 많은 정보를 정확하게 전달 가능하다.
- 동물이 떠나간 뒤에도 상당히 오랜 시간 동안 정보를 남긴다.
- 시각이나 청각신호에 비해 시시각각 변화하는 심리상태를 실시간으로 전달할 수 없다.
- 각 개체는 특유의 체취, 즉 냄새의 지문이 있어 시각이나 청각으로 멀리서 개체를 식별해도 최종적인 확인은 후각에 의해 이루어진다.

(1) 배설물의 후각 작용

- 배설물에는 그것을 남긴 개체의 정체성과 생물학적 정보를 알리기 위한 냄새 신호가 포함됨
- 배설물의 냄새를 통해 세력권의 경계선 또는 세력권자가 마지막으로 지나간 기간을 유추할 수 있음
- 배설물에 의한 마킹에는 시각적인 과시가 동반하여 한쪽 다리를 들고 배뇨하는 경우가 많음
- 배설 후 땅바닥을 긁는 행동은 발 안쪽에 있는 취선에서 분비물이 나와 후각신호로도 남겨짐

(2) 오줌과 마킹

- 오줌에는 많은 정보가 있어 성적으로 성숙한 수캐는 암캐의 오줌 안에 포함된 페로

몬 등의 휘발성 분자를 단서로 발정과 같은 번식단계에 관한 정보 얻음

- 낯선 개체의 마킹이 생긴 경우는 흥분하여 자신들의 오줌을 덧뿌리는 행동을 보이는데, 이런 오줌마킹은 웅성호르몬의 영향으로 증가함
- 개가 다른 개에게 인사할 때 서경부, 항문음부 냄새 맡음
- 서로 아는 개들끼리 오랜만에 만났을 때에는 항문 주위의 냄새를 오랜 시간에 걸쳐 서로 맡음
- 항문 주위의 분비물은 배변 내에 배출되는데 이 분비물에는 개체의 속성이나 특징, 사회적 지위 등 많은 정보가 숨겨진 것으로 추측 가능

후각을 통한 커뮤니케이션

3. 고양이의 커뮤니케이션

1) 고양이의 청각 커뮤니케이션

[개와 고양이의 커뮤니케이션 비교]

- 개는 사회적인 관계형성에 커뮤니케이션을 사용하지만, 고양이는 영역을 주장하고, 다른 고양이의 침입을 막고, 사회적인 거리를 유지하기 위한 수단으로 이용한다.

(1) 만족음

- 만족할 때, 사람이나 고양이와 접촉할 때
- 친화적 관계로 인사할 때
- 음식을 구하고 주의를 끌려고 할 때

(2) 울음소리

- 요구나 불만이 있을 때
- 발정기에도 울지만, 매우 특징적인 소리
- 처음에 입을 열고 거기서 서서히 다물어가며 내는 소리

(3) 위협음

- 경계, 공포 상태에서 표현
- 샤-, 훗, 캬- 의 소리나 남

2) 고양이의 시각 커뮤니케이션

[고양이의 시각 커뮤니케이션]

- 고양이는 사회적 집단 속에서 조화를 유지하는 것을 중시하는 경향이 아니기 때문에 개와 같은 사교적인 동물과는 자세에 따른 커뮤니케이션의 의미가 다소 상이할 수 있다.
- 꼬리의 표정이 매우 다양하고 풍부하다.

(1) 위협

- 수축된 동공에 의한 응시가 현저하게 나타남
- 능동적인 위협: 정면으로 접근, 꼬리털이 부풀어진 듯한 상태
- 방어적인 위협: 이빨을 드러내며, 털을 세워서 비스듬하게 접근

(2) 우호적인 접근

- 꼬리를 세우고 털이 곤두서지 않게 천천히 접근
- 지나갈 때, 뺨을 비벼대는 행동을 하는 경우는 뺨에 있는 페로몬의 분비선을 이용한 표시행동
- 두 마리 고양이가 서로 꼬리를 감거나 상대의 몸을 꼬리로 만지는 행동 역시 우호성의 표현

(3) 놀이 자세

- 상대에 대한 접근, 추격, 대립 자세를 취함
- 어린 고양이들은 다양한 놀이자세를 취함
- 사회적 행동을 위한 학습성 행동

- 때로는 넘어뜨리는 놀이를 유인하는 행동

3) 고양이의 후각 커뮤니케이션

- 고양이 입 주변, 턱, 귓구멍, 항문 주위, 꼬리의 뿌리 부분 등에 잘 발달된 피지선이 있어 그 분비물을 특정 개체나 물체, 친숙한 것이나 새로운 것에 문지르기도 함
- 주인에 대한 신체의 문지름은 마킹과 같은 의미도 있지만, 거리를 좁히기 위한 인사 행동으로 간주
- 중성화하지 않은 수컷 고양이는 오줌으로 마킹을 하기도 함
- 오줌을 스프레이[2]함에 따라 통상의 배뇨에 비해 더 넓은 범위에 분사하고, 조금 더 냄새 맡기 편리한 높이에 오줌을 분사함
- 수컷고양이는 자신의 영역, 지나치는 교차점, 경계 부근에서 오랜 시간을 보내며 세심하게 마킹을 하기도 함

2 오줌 스프레이란 수컷 고양이에게 많이 나타나는 행동으로 허리를 낮추지 않고, 똑바로 서서 수직으로 세운 꼬리를 흔들며 오줌을 분사하여 영역에 대한 표시를 하는 것이다. 스프레이 된 오줌에는 다양한 정보가 있어 그 지역 내 고양이의 동정을 나타내며 번식기에는 수컷과 암컷이 만나기 위한 단서가 되기도 한다. 새로운 장소에 대한 불안을 제거하여 환경에 빨리 순응하는 데 도움이 되기도 한다.

학습정리

- 청각을 통한 커뮤니케이션은 장거리 커뮤니케이션이 효과적이며 소리 내는 방법에 따라 근거리, 중거리 소통도 가능하다.
- 후각을 통한 커뮤니케이션은 종이나 성별, 가족과 무리, 특정 개체의 정체성에 관련된 정보를 정확하게 전달 가능하다.
- 시각을 통한 커뮤니케이션은 근거리 또는 중거리 커뮤니케이션에 효과적이다.

1. 다음 중 종이나 성별, 가족과 무리, 그리고 특정 개체의 정체성에 관련된 매우 많은 정보를 정확하게 전달 가능한 커뮤니케이션 방법은 무엇인지 고르시오.

① 청각 커뮤니케이션	② 후각 커뮤니케이션
③ 촉각 커뮤니케이션	④ 시각 커뮤니케이션

2. 상황과 방법에 따라 근거리, 중거리, 장거리로 소통이 가능하며 표시하고자 하는 내용에 따라 시각적 요소가 더해지는 커뮤니케이션은 무엇이라고 하는가?

① 청각 커뮤니케이션	② 후각 커뮤니케이션
③ 촉각 커뮤니케이션	④ 시각 커뮤니케이션

3. 앞다리 양쪽을 구부리고, 머리를 낮게 숙이고, 엉덩이를 쳐들고 꼬리를 흔드는 상태로 놀고 싶다는 표시로 하는 행동을 무엇이라고 하는지 쓰시오.

4. 다음 중 공격 자세로 보기 어려운 것을 고르시오.

① 이빨이 다 보일 정도로 입을 벌려 지배 자세를 취함
② 상대의 입 주변을 핥음
③ 목이나 등의 털을 세우는 모습
④ 꼬리를 높게 쳐드는 동작

5. 다음 중 우의 자세로 보기 어려운 것을 고르시오.

① 곧게 서고, 꼬리를 높이 쳐드는 모습
② 머리를 확실하게 세우며, 귀도 앞을 향해 세우는 모습
③ 앞다리를 상대에게 싣거나 상대의 위에 타는 경우
④ 꼬리를 아래쪽에서 천천히 흔들기도 함

1. ② 2. ① 3. 플레이바우 4. ② 5. ④

5장
카밍시그널

학습목표

1. 카밍시그널은 어떠한 의미로 사용되는지 구체적으로 설명할 수 있다.
2. 카밍시그널의 종류는 무엇이 있고, 어느 상황에서 사용하는지 이해할 수 있다.
3. 카밍시그널을 제대로 이해하기 위한 방법으로는 무엇이 있고, 평소 실천할 수 있는 방안을 모색할 수 있다.

카밍시그널(Calming signal)은 상대 또는 자신에게 보내는 일종의 보디랭귀지로, '진정' 신호를 이용하여 자신과 상대의 긴장감을 풀어주는 것이다.

Calm: 침착한, 차분한
Calming: 진정
Signal: 신호
Calming signals: 진정신호

카밍시그널의 의미

1. 공생을 위한 언어

현대 사회에서 개와 인간은 서로 감정을 소비하며 공생한다. 개는 비록 인간의 언어를 구사하지 못하지만, 눈과 몸짓으로 감정을 표현할 수 있다. 늑대는 사람과 눈을 마주치며 감정을 주고받는 게 쉽지 않지만, 개는 인간과 눈을 마주치며 감정을 주고받는 것을 좋아한다. 반려견과 눈을 마주 보고 있기만 해도 인간과 개 모두에게 옥시토신이 분비된다는 과학적 연구도 있다. 2015년 「사이언스」에도 실린 한 연구에서 신뢰와 이타성에 관여하는 옥시토신이라는 호르몬이 반려견과의 아이 콘택트만으로 크게 증가한다는 사실이 밝혀졌다. 놀라운 점은 아이 콘택트를 통해 인간뿐 아니라 반려견의 소변에서도 옥시토신이 다량 검출되었다는 사실이다. '모성애 호르몬'이라고 알려진 옥시토신이 분비된다는 연구는 왜 인간 사회에서 개가 반려동물로 정점에 올라서게 되었는지 잘 설명해준다.

옥시토신이 분비되는 과정을 이해하기 위해 우리는 개가 보내는 카밍시그널을 이해할 필요가 있다. '카밍시그널(calming signal)'은 반려견들이 우리에게 말하는 의사소통의 방식이다. 우리는 끊임없이 말로 하지만, 개들은 행동으로 말한다. 인간은 입으로, 개들은 몸으로 말하는 것이다. 따라서 반려견과 의사소통을 원한다면, 내가 키우는 반려견의 몸짓을 읽을 수 있어야 한다.

반려견이 보내는 카밍시그널을 인간의 입장에서 봐서는 안 된다. 사람이 개에게 물리는 사고는 사람이 개의 시그널을 잘못 이해해서 발생하는 경우가 대부분이다. 이렇듯 카밍시그널의 부재는 종종 개물림 사고로 이어질 수도 있다.

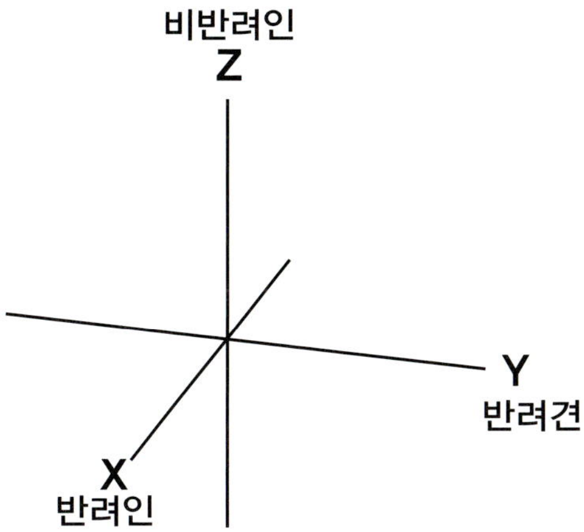

반려인과 반려견, 그리고 비반려인 모두 함께 상생할 수 있는 접점을 찾아야 한다.

2. 카밍시그널의 중요성

노르웨이의 반려견 훈련사 투리드 루가스(Turid Rugaas)는 감정신호를 체계적으로 관찰하고 정리한 인물이다. 그녀는 반려견이 집중적으로 보여주는 신체적 감정신호에 주목하고, 이를 자신의 책 『개와의 의사소통』에서 처음으로 '카밍시그널'이라 명명했다. 그녀는 일찍이 반려견들을 위한 자연적인 훈련법을 개발하여 이를 시행하는 가운데 개와 개 사이에 주고받는 30여 개의 보편적인 시그널들을 찾아내었다. 그녀는 사람도 이러한 개의 카밍시그널을 활용할 수 있다고 보고 이를 한눈에 알아볼 수 있도록 도표화했다. 이후 카밍시그널은 전 세계 훈련사와 반려인들에게 널리 수용되었으며, 우리나라에도 모 훈련사에 의해 TV 프로그램에 소개되면서 대중에게 알려졌다.

하지만 루가스 여사는 자신의 이론을 학문적으로 뒷받침하지 못했다. 학계에서 카밍시그널이 과학적으로 연구된 것은 그녀가 이론을 발표한 지 12년이 지나서였다. 2017년, 이탈리아의 수의학과 연구진들이 카밍시그널의 존재 여부와 그 효과를 전문적으로 실험했다. 그들은 루가스 여사가 카밍시그널로 간주한 행동을 과학적으로 조사하기 위해 12마리의 암컷과 같은 수의 수컷을 놓고 관찰을 진행했다. 5분간 목줄을 하지 않고 드러낸 2,130가지의 행동 중에서 공격 성향이 어떻게 드러나는지 파악하기 위해 같은 성별의 친숙한 개와 친숙하지 않은 개, 다른 성별의 친숙한 개와 친숙하지 않은 개를 각기 마주하게 했다. 모두 109차례의 공격적인 행동이 실험 과정에서 나타났는데, 연구진들은 그 중 카밍시그널을 전달한 상대에게 공격적인 행동을 보인 사례가 단 1건도 없었던 사실을 알아내었다. 공격적 행동을 보인 67%의 사례에서 공격을 당한 반려견이 공격을 가한 상대에게 카밍시그널을 보인 것으로 드러났다. 상대의 공격을 무마하기 위해 카밍시그널을 보였다고 해석할 수 있는 부분이다. 이로써 카밍시그널이 실제로 사회화 과정에 활용될 여지가 있으며 반려견의 공격적인 행동을 예방하는 데에도 도움이 된다는 사실을 과학적으로 입증했다.

그들이 찾아낸 대표적인 카밍시그널의 하나가 바로 개의 꼬리이다. 개의 꼬리는 개의 정서 상태를 보여주는 가장 확실한 지표이다. 인간이 언어와 표정으로 감정을 드러낸다면, 개는 꼬리로 감정을 표현한다. 주인에게 꼬리를 살랑살랑 흔들고 있다면, 개는 지금 기분이 되게 좋고 편안하다는 의사 표시를 하고 있는 것이다. 반대로 꼬리를 바짝 세우거나 횡으로 까딱까딱 왔다갔다 하면, 지금 무척 화가 났으며 여차하면 공격할 수도 있다는 선전포고를 하고 있는 셈이다. 반면 양쪽 다리 사이로 꼬리를 말아 넣고 숨긴다면,

지금 무언가 무섭거나 두렵다는 말을 하고 있는 것이다.

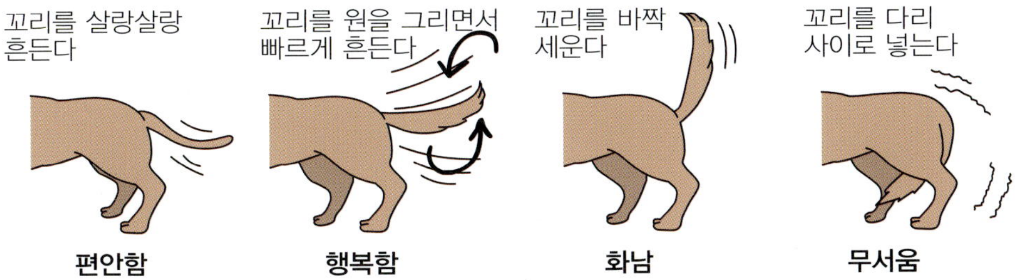

개의 꼬리는 중요한 카밍시그널의 하나이다.

개의 다양한 꼬리 언어

물론 꼬리만 가지고 반려견의 감정과 의사를 모두 알아낼 수는 없다. 꼬리가 1차적인 언어라면, 그와 함께 입 모양과 얼굴, 귀, 그 밖의 몸 전체에서 드러나는 2차적인 언어가 자연스럽게 따라오기 때문이다.

3. 카밍시그널의 이해

1) 카밍시그널의 개요

- 스트레스받거나 불편하거나, 두려움을 느낄 때 사용
- 상대를 진정시키거나 상대들에게 중재적인 역할을 하기 위해 사용
- 공격의 의사가 없음을 밝히기 위해 사용
- 진정표시가 통하지 않으면 전위행동으로 이어질 수 있음
- 진정표시와 전위행동은 다른 의미임

• 동물이 상반된 충동이 심각한 상태에서 해발(解發)되어 일어나는 제3의 행동을 전위 행동이라 함

2) 카밍시그널의 필요성

카밍시그널의 필요성

3) 카밍시그널의 순기능

• 긴장 완화의 기능: 자신의 긴장을 완화한다.
• 진정 신호의 기능: 적의가 없음을 알리고 상대를 진정시킨다.
• 공격 차단의 기능: 불안이나 불쾌감을 느꼈을 때 자신의 심리상태를 알린다.
• 갈등 중재의 기능: 다른 개체들의 싸움을 멈추게 하고 싶을 때 표현한다.
• 분쟁 회피의 기능: 공격이나 위협, 침략할 의사가 없음을 알린다.
• 평화 유지의 기능: 구성원끼리 물리적 마찰을 막고, 무리의 평화를 유지한다.
• 의사 전달의 기능: 국적이 다른 개라도 금세 상대의 의사를 파악할 수 있다.

4. 카밍시그널의 종류

1) 능동적 카밍시그널

(1) 제자리에 앉기(Sitting Down)

제자리에 앉는 행동은 가장 흔히 볼 수 있는 대표적인 카밍시그널로 상대에게 적의가 없음을 표현하는 시그널이다. 누군가 갑자기 자기에게 다가올 때, 혹은 주인이 야단칠 때, 진정하라는 신호로 보통 앉거나, 아니면 앉아서 등을 돌린다. 그렇다고 모든 앉는 동작을 다 카밍시그널로 볼 수는 없다. 반려견이 스스로 앉을 때 힘들어서 앉는 것인지, 몸을 긁기 위해 앉는 것인지, 아니면 상대를 진정시키기 위해 앉는 것인지 면밀히 관찰해 봐야 한다.

(2) 안전거리를 유지하며 돌아 다가가기(Curving)

만일, 돌아갈 수 없는 막다른 골목에서 위험한 물체를 발견한다면 최대한 그 물체에서 멀리 떨어져서 간격을 유지하며 그곳을 피해가려 할 것이다. 동물도 마찬가지로 무엇인가가 정면으로 다가오며 거리가 좁아진다면 자신의 안전거리가 침범당했다고 생각하고 불안감을 느낄 수 있다. 그런 상황에서 불안감과 긴장감을 느끼지 않게 하기 위해 최대한 거리를 유지하며 커브를 돌아가는 것이다. 이러한 시그널은 '나는 당신을 공격하거나 위협할 의사가 전혀 없으니 안심하세요.'라는 의미를 준다.

(3) 느릿느릿 움직이거나 동작 멈추기(Using Slow Movement or Stopping)

개가 느릿느릿 걷거나 동작을 멈추는 것은 어떤 의미일까? 이는 상대의 긴장을 완화시키려는 강력한 시그널로 상대를 자극시키지 않고 진정시키려는 시그널이다. 만일 겁에 질린 개를 대할 때는 큰 목소리나 빠른 패턴의 동작 등 급격한 움직임은 배제해야 하고, 천천히 느린 동작으로 접근하거나 일시적으로 동작을 멈추어 주면 겁에 질린 개의 불안감을 완화시키는 데 도움이 될 것이다.

(4) 절하는 것 같은 기지개 자세(Play Bow)

개가 앞다리를 낮춘 채 앞으로 쭉 빼고 엉덩이를 위로 들어 올리며 마치 기지개를 켜는 듯 자세를 취하면 상대방과 놀고 싶다는 의사를 표시한 것이다. 이러한 시그널은 소위 '놀이인사'라고 하는 동작이다. 자신보다 몸집이 작은 개체에게 사용하게 되면 자신의 몸을 낮춤으로써 상대방을 안심시키는 작용을 하고, 자신보다 몸집이 큰 동물이나 다른 종의 동물에게 사용하게 되면 자신을 낮추고, 공격할 의사가 없음을 알리며 상대방을 진정시키는 효과를 보이기도 한다.

2) 수동적 카밍시그널

(1) 고개를 돌리기(Head Turning)

주인이 고래고래 소리를 지르며 화를 낼 때 주인을 똑바로 쳐다보는 개는 세상에 없다. 대부분의 개들은 시선을 회피하기 위해 고개를 돌린다. 개는 누군가 정면으로 쳐다보거나 자기에게 정면으로 다가오면 불안감을 느끼는데, 이때 자신의 머리를 옆이나 뒤로 돌리는 행동을 하기도 한다. 이러한 시그널은 '나는 불안해요.'라는 의미가 내재되어 있다.

(2) 등 돌리기(Turning Away)

개들끼리 놀다가 놀이가 너무 과격한 단계에 이르러 진정시키려고 할 때나 힘이 센 다른 개체가 공격하려고 으르렁거릴 때, 자신은 싸울 의사가 없음을 나타내려고 몸을 옆으로나 뒤쪽으로 돌리는 동작을 보인다. 이러한 등을 돌리는 시그널은 위협감을 낮추며 상대를 강하게 진정시키려는 신호이다.

(3) 바닥이나 땅의 냄새를 맡기(Sniffing)

실제 냄새를 맡기 위한 목적으로 바닥이나 땅에 코를 대는 것이 아니라 긴장이나 불안을 느끼고 있을 때 땅에 코를 대고 냄새를 맡는 행위를 하기도 한다. 이것은 그런 불안한 상황이 끝나기를 바라거나 다른 쪽으로 관심을 유도하기 위해서 하는 표현 방식이다.

(4) 코 핥기(Licking the Nose)

혀를 내밀어 자신의 코를 핥는 행위로 상대에게 자신이 두렵다는 것을 나타내기도 하지만, 자기 스스로 불안감을 해소하고자 하는 행동이기도 하다. 이 행동 역시 동물병원에 가면 많은 반려견에게서 볼 수 있다.

(5) 한쪽 앞발 다리 들기(Lifting Paw)

한쪽 앞발을 살짝 들어 올리는 행동으로 불안감을 표현하기도 한다. 보통 낯선 환경에 오거나 두려운 상황에 닥치거나 어수선한 환경에 놓였을 때 종종 이런 동작을 보인다. 주로 동물병원에 도착한 반려견들이나 유기견보호소, 기타 새로운 환경에 도착해서 당황해하는 개들에게서 많이 볼 수 있다.

3) 중재적 카밍시그널

(1) 사이에 끼어들기(Split Up)

개들은 어른과 어른, 어른과 아이, 아이와 아이가 밀착되어 있거나 큰 목소리가 오가거나 행동이 과격한 것을 보면 다투고 있다고 생각하여 말리고 싶어 한다. 실제로 싸움이 일어나거나 큰 소리가 나면 그 사이에 끼어들어 긴장감을 완화시키기도 하지만 가끔은 실제 싸움이 아닌 장난이나 애정표현조차 싸움으로 오해하여 중간에 끼어들어 싸움을 진정시키려고 하기도 한다. 이러한 시그널은 싸우거나 흥분한 상태인 줄 알고 말리고자 하는 시그널이다.

(2) 하품하기(Yawning)

사실 하품하기는 상황에 따라서 상대방을 진정시키기 위한 능동적인 카밍시그널이 되기도 하고, 자기 자신의 긴장을 완화하기 위해 자연스럽게 나오는 수동적인 카밍시그널이 되기도 한다. 또한, 감정이 격해져 있는 상대들 사이에서 그 상황을 진정시키거나 상대가 흥분을 멈추고 진정하기를 원할 때 이러한 시그널을 보이기도 한다.

(3) 엎드리기(Down)

엎드리는 시그널은 어리거나 몸집이 작고 서열이 낮다고 생각하는 상대가 자기를 두려워하거나 흥분해 있을 때 이러한 행동을 보여줌으로 '내가 너보다 세지만 너를 해칠 생각은 없어.'라는 의사를 전달하는 것이다. 일종의 배려 표현으로 서열이 높은 개들이 사용하는 시그널이기에 어미가 새끼들에게 중재의 의미로 사용하기도 하고, 겁을 먹은 개에게 안심시켜주기 위해서도 사용한다.

학습정리

- 카밍시그널은 상대와 자신을 진정시키거나 적대감이 없다는 것을 나타내거나 불안감을 느낄 때 불안감을 완화하기 위해 사용한다.
- 카밍시그널의 종류에는 능동적 진정신호, 수동적 진정신호, 중재적 진정신호 등이 있다.
- 카밍시그널을 제대로 이해하기 위해서는 평소 동물의 미세한 변화를 관찰해야 하고, 기록하는 것이 좋다.

1. 상대 또는 자신에게 보내는 일종의 보디랭귀지로, 특정한 동작의 신호를 이용하여 자신과 상대의 긴장감을 풀어주는 것을 무엇이라고 하는지 쓰시오.

2. 카밍시그널의 순기능이 아닌 것을 고르시오.

① 긴장 완화의 기능
② 갈등 발생의 기능
③ 분쟁 회피의 기능
④ 의사 전달의 기능

3. 다음 설명 중 옳지 않은 것을 고르시오.

① 개의 꼬리는 개의 정서 상태를 보여주는 가장 확실한 지표이다.
② 인간이 언어와 표정으로 감정을 드러낸다면, 개는 꼬리로 감정을 표현한다.
③ 반려견의 행동을 집중적으로 관찰하다 보면 꼬리만으로도 충분히 반려견의 감정과 의사를 모두 알아내는 것이 가능하다.
④ 꼬리가 1차적인 언어라면, 그와 함께 입 모양과 얼굴, 귀, 그 밖의 몸 전체에서 드러나는 2차적인 언어가 자연스럽게 따라온다.

4. 카밍시그널의 설명 중 옳지 않을 것을 고르시오.

① 스트레스받거나 불편하거나, 두려움을 느낄 때 사용
② 상대를 진정시키거나 중재적인 역할을 하기 위해 사용
③ 우의 분쟁이 생기면 공격과 방어를 할 수 있다는 의사소통의 기능으로 사용
④ 진정표시가 통하지 않으면 전위행동으로 이어질 수 있음

5. 능동적 카밍시그널의 자세가 아닌 것을 고르시오.

① 제자리에 앉기(Sitting Down)
② 안전거리를 유지하며 돌아 다가가기(Curving)
③ 느릿느릿 움직이거나 동작 멈추기(Using Slow Movement or Stopping)
④ 한쪽 앞발 다리 들기(Lifting Paw)

1. 카밍시그널 2. ② 3. ③ 4. ③ 5. ④

6장
학습심리학과 행동주의의 기원

학습목표

1. 학습의 개념을 이해하고, 학습심리학의 배경에 대해 이해하고 구체적으로 설명할 수 있다.
2. 학습된 행동은 어떠한 단계를 거쳐서 유지되는지 그 과정과 방법을 이해하고 설명할 수 있다.
3. 행동주의 학습이론은 어떤 개념인지 그중 파블로프가 실험한 내용은 어떠한 이론인지 구체적으로 설명할 수 있다.

인간과 동물의 학습

1. 학습의 개요

학습은 특정한 행동이 어떤 특정 단계에 이르러 갑자기 나타나는 것이 아니라, 경험과 훈련에 의해서 점진적으로 형성되는 것이다. 동물은 일생 동안 많은 새로운 것을 배우며 익히게 된다. 이러한 배움과 경험을 바탕으로 동물의 행동은 변화하게 되고, 학습된 행동의 변화는 비교적 오랫동안 유지된다. 동물의 학습은 습관화, 연상학습, 시행착오, 모방 등 다양한 형태로 구분할 수 있다. 습관화(Habituation)는 동물에게 비슷한 자극을 지속적으로 제공하여 그 자극에 대해 민감한 반응을 하지 않고, 익숙해지게 하는 것이다. 연상학습(Associative learning)이란 어떤 현상이 그 뒤에 일어나는 현상을 예측하여 반응하게 하는 것으로 리드줄을 보면 산책을 연상하거나 비닐봉지의 부스럭거리는 소리만 들어도 먹이를 연상하는 것과 같은 반응이다. 시행착오(Trial and error)는 다양한 경험을 통해 실패를 거듭하여 가장 효율적이고 이익이 되는 행동만을 계속하게 되는 것이다. 모방(Imitation)은 다른 동물의 행동을 관찰한 후 동일하게 따라 하거나 비슷한 행동을 하는 것을 뜻하는 것으로 동물의 학습 형태 중 가장 보편적으로 많이 일어나는 방법이다.

1) 학습의 조건

- 학습은 행동의 변화를 포함하고 있어야 한다.
- 행동의 변화는 일시적인 것이 아니라 유지되어야 한다.
- 학습경험이 다른 행동의 발전과 변화의 원인으로 작용될 수 있다.
- 학습은 내부에서 일어나는 변화이다.
- 학습은 간접적으로도 일어날 수 있다.

➡ 학습은 직접 또는 간접적 경험이나 훈련에 의한 비교적 영속적인 행동의 변화이다.

2) 학습의 방법

(1) 개별화

- 학습의 목적은 개체의 능력을 최대한으로 발휘시켜 목적에 잘 부응하도록 하여 생존능력과 기치를 높이는 것이다.
- 개별화는 학습 과정에서 개체의 가치를 존중하고 개체의 특성을 살리는 것을 의도한다.
- 학습을 하는 대상은 개체별로 기질, 성향, 욕구, 동기 등 많은 부분에서 차이가 존재한다.
- 개체별 차이를 이해하고, 학습 목표를 설정하여야 능력을 충분히 발휘할 수 있다.
- 학습하기 전, 개체별 현재 상태를 파악하고, 합당한 과정을 진행해야 하며, 만일 부족한 부분이 발생하면 추가로 보충하고, 개별화 학습을 진행하여야 한다.

(2) 자발성

- 자발성은 개체가 학습과정에 동기를 가지고 능동적으로 행동하도록 하는 근원적인

힘이다.

- 학습은 개체 내부에서 일어나는 동기에 의해 형성되고 정립된다.
- 훈련자의 직접 통제에서 벗어난 상태에서 하는 훈련은 개가 자발적이지 않으면 불가능하다.
- 훈련은 개체의 동기와 관심을 배경으로 하는 자발적인 참여가 중요하다.
- 자발성을 배경으로 해야 진정으로 개의 행동을 변화할 수 있는 내적 변화가 이루어져 행동능력의 진전을 크게 이룰 수 있다.

(3) 사회화

- 개를 훈련하는 것은 특정한 행동 특성을 갖도록 하는 계획적인 활동이자 충분한 사회성을 구비하는 것도 포함한다.
- 개체가 속한 사회에서 원만한 관계를 유지하며 지낼 수 있는 규칙과 질서를 지키는 행동을 할 수 있어야 한다(반려견 훈련도 각 나라의 사회적 문화가 바탕을 이룬다).

(4) 동기

- 동기란 개체가 어떤 행동을 하도록 하는 근원적인 힘이다.
- 동기가 없으면 훈련의 진행은 불가능하여 훈련사는 강압적으로 변하기 쉽고 훈련 목적을 달성하기가 어렵다.
- 동기가 강하면 훈련내용에 대해 높은 관심과 집중을 보인다.

(5) 직접경험

- 개는 직접경험의 방법을 통하여 강화를 받는 현상과 약화를 받는 현상을 구분하여

행동을 습득하게 된다.

- 감각기관을 이용한 훈련은 간접적인 방법이 어려우므로 직접적인 행동의 경험을 통하여 필요한 능력을 형성한다.

3) 학습의 4단계

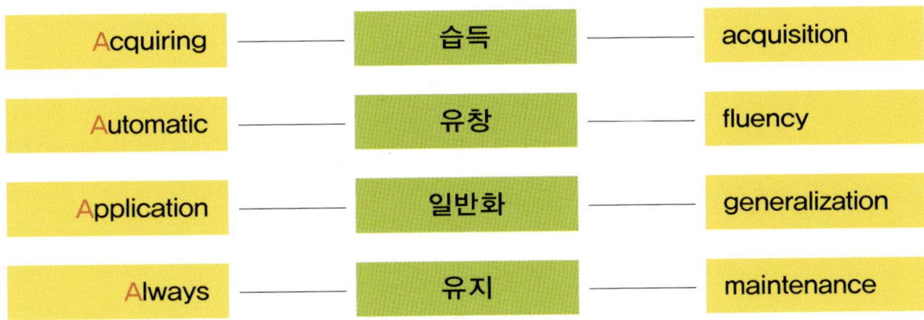

학습의 4단계

(1) 습득단계: Acquiring

- 학습의 첫 번째 단계이다.
- 개는 이 단계에서 새로운 행동을 얻는다.
- 훈련자가 요구하는 행동을 받아들여 시도하고 습득하는 단계이다.

(2) 유창성단계: Automatic

- 학습의 두 번째 단계로 새로운 행동이 숙달되는 과정이다.
- 유창성 단계에서 개는 몸을 섬세하고 구체적으로 움직여야 한다.
- 이 단계에서는 행동의 속도를 향상시키는 데 초점을 맞춘다.

(3) 일반화 단계: Application

• 습득의 세 번째 단계는 일반화시키는 과정이다.
• 이 단계에서는 새롭게 습득한 행동을 다양한 환경과 상황에서 적절하게 적용하는 것이다.

(4) 유지 단계: Always

• 네 번째 단계는 습득한 행동을 저장하여 관리하는 단계이다.
• 시간이 지나도 훈련사의 신호를 들으면 개가 바로 그 신호에 맞는 동작과 행동을 실시할 수 있어야 한다.

4) 학습의 종류

학습의 종류는 크게 단순학습, 연합학습, 인지학습 등으로 구분한다. 단순학습에는 습관화와 민감화가 있고, 연합학습에는 고전적 조건화와 조작전 조건화가 있으며 인지학습에는 관찰학습, 통찰, 추상학습 등이 있다.

[다양한 학습의 종류]

• 단순학습(비연합학습): 습관화, 민감화
• 연합학습: 고전적 조건형성, 조작적 조건형성
• 인지학습: 관찰학습, 통찰, 추상학습

2. 학습이론의 배경

1) 학습심리학

학습심리학(學習心理學)은 학습 활동에 따른 심리 현상에 대하여 연구하는 학문으로 학습에 직접 관련된 심리학의 응용 분야이자 심리학의 원리나 방법을 학습에 응용하는 학문이다. 원래 심리학은 인간행동에 관한 과학적 연구를 하는 학문이며 인간의 정신생활의 법칙을 탐구하는 것이다. 즉 아이가 출생해서 성인이 될 때까지 성장함에 따라 개인의 학습경험을 기술하고 설명하여 주는 과학적인 학문인 것이다. 이러한 과학적 학문의 타당성을 뒷받침하기 위해서는 실험을 통한 연구가 필요한데, 학습심리학자들은 인간을 대신하여 동물로 다양한 실험을 진행하였다. 그 결과, 동물실험을 바탕으로 한 학습에 대한 정의는 동물행동학, 특히 생리심리학 및 진화심리학에 큰 영향을 미쳤다. 동물훈련사들은 심리학자들의 동물행동 연구를 응용하는 등 인간의 학습을 대상으로 한 학습심리학 연구 중에서 동물 훈련에 적용이 가능한 내용을 활용하여 훈련의 목적을 손쉽게 달성하였다.

동물행동학에서 학습이론이란 동물체의 학습이 이루어지는 총체적인 과정을 설명한다. 학습이론은 동물의 행동이 어떻게 변화하고, 행동을 변화시키기 위해서는 어떤 원인이 존재했는지를 연구한다. 분류방법에 따라 구성주의, 기능주의, 행동주의, 인지주의, 인본주의 등의 여러 이론들이 있다. 동물 훈련 방면에서는 주로 행동주의적 입장을 많이 응용한다. 특히 파블로프 조건화, 손다이크의 시행착오설, 스키너의 조작적 조건화는 훈련에 자주 사용하는 방법이다. 행동주의 학습이론은 동물의 행동을 눈에 보이지 않는 내적인 상태보다 외부로 표현되는 현재의 행동 자체를 대상으로 과학적으로 설명하고 규명하려 한다.

2) 행동주의와 학습심리학

행동주의는 20세기 중반 미국 심리학계에서 유행했던 과학 철학이자 연구 방법론이다. 인간의 마음을 과학적으로 연구하는 것이 어려우니 행동을 연구 대상으로 삼아야 한다고 주장했던 학파이다. 행동주의는 내성법[1]에 대한 반발로 시작되었다고 해도 과언이 아니다. 왜냐하면 내성법은 모든 사람이 스스로 어떻게 생각하고 느끼는지 관찰하는 학문인데 문제는 내성법의 결과가 객관적이지 않고, 주관적이라는 것이다. 당시 왓슨 같은 젊은 심리학자들은 심리학이 기존의 주관적인 학문에서 관찰이 가능한 객관적인 학문이자 과학적인 학문으로 변하길 주장했다. 그래서 관찰 가능한 외적 자극과 그에 대한 행동 반응 간의 관계를 연구해야 한다고 주장하기도 했다. 오늘날 컴퓨터와 뇌과학이 발달하면서 인간의 심리의 내적 과정을 과학적으로 논의하는 것이 가능해졌지만 행동주의의 학습심리학은 응용동물훈련에 큰 기초가 되어 반려동물의 기초훈련이나 행동수정, 문제행동치료 등의 중심 개념으로 활용되고 있다.

3. 행동주의 학습의 이론

1) 파블로프의 고전적 조건화

(1) 파블로프(Ivan Petrovich Pavlov)

러시아의 생리학자 파블로프는 '조건반사(conditioned reflex)'라는 개념을 확립했으며, 뇌신경계와 소화기관이 서로 연결되어 있음을 입증하여 1904년 노벨 생리의학상을 수상하였다. 그는

1 내성법(introspection)이란 현대 심리학의 첫 번째 연구 방법으로서 내면, 즉 마음을 성찰하는 것, 내가 무엇을 느끼고 생각하는지 스스로 관찰하는 방법을 말한다.

조건반사 실험을 통해 조건화되지 않은 자극과 조건화될 자극이 함께 제시되면, 이전에 조건화되지 않았던 자극이 조건화되는 것을 발견하였는데 이를 '고전적 조건화'라고 부른다.

(2) 고전적 조건화 실험

러시아가 낳은 위대한 심리학자이자 생리학자인 이반 파블로프(Ivan Petrovich Pavlov)는 육군 군의관으로 봉사하던 중 우연히 사료를 주던 조교의 발소리에 실험견이 침을 흘리는 현상을 발견한다. 마침 소화액 분비에 관한 연구를 하던 파블로프는 학문적 호기심이 발동하여 실험에 착수했다.

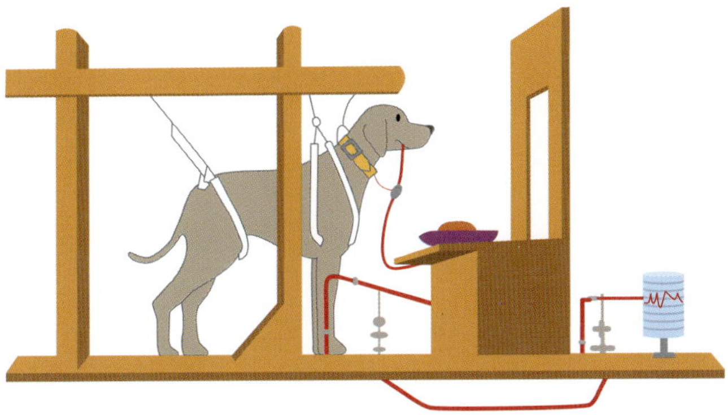

파블로프의 고전적 조건화 실험

인간과 동물이 보이는 행동에는 기본적으로 반응(response)과 반사(reflex)가 있다. 반응은 의식적인 행동이지만, 반사는 무의식적인 행동이다. 개의 입에서 침이 흘러나오는 현상은 무의식적인 것이기 때문에 반사와 관련이 있다. 다시 반사에는 크게 2가지가 있는데, 외부 조건에 따라 일어나는 조건반사(conditioned reflex)와 조건에 상관없이 신체가 본능적으로 일으키는 무조건반사(unconditioned reflex)가 그것이다. 무조건반사는 대뇌를 거치지 않고 바로 반응하는, 개체의 생존과 직결된 선천적인 본능이기 때문에 자동적으로 일어난다. 무조건반사를 자동(자율)반사(autonomic reflex)라고도 부르는 이유가 바로 여기에 있다. 흔한 예로 뜨거운 난로에 손을 갖다 대면 화들짝 손을 떼고 뒤로 물러난다든지, 공포영화의 무서운 장면에서 눈을 질끈 감거나 나도 모르게 소리를 '꺄악~' 지른다든지 하는 것도 모두 무조건반사이다.

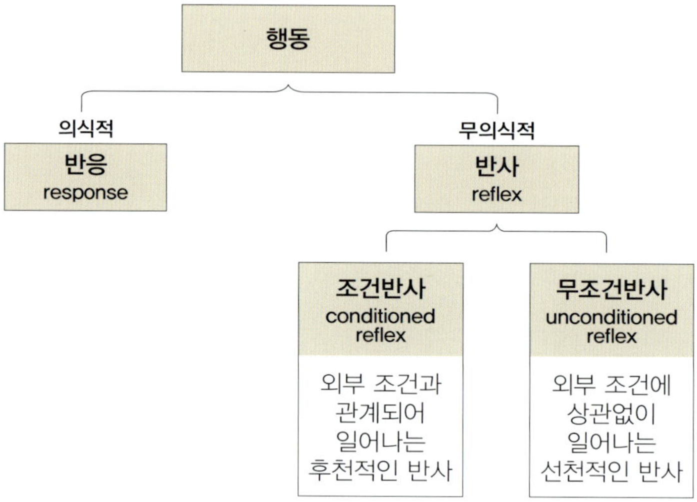

조건반사와 무조건반사

반면 조건반사는 말 그대로 조건에 따라 반응이 일어나기 때문에 반사가 가능하려면 일정한 경험이 반드시 동반되어야 한다. 예를 들어, 클리커 트레이닝으로 훈련을 한 개는 클리커 소리만 들어도 그 이후에 따라오는 보상을 연상하며 흥분할 것이다. 반면 클리커 트레이닝을 한 번도 하지 않은 개들은 클리커 소리에 아무 반응을 하지 않던지 혹은 반응을 한다고 해도 그 소리에 보상을 연상하지는 않을 것이다. 왜냐하면 클리커 소리와 보상이 조건화되어 있지 않기 때문이다.

조건반사와 무조건반사 둘 다 의식을 거치지 않은 무의식적 반응이라는 점에서 공통

점이 있으나, 경험의 유무가 각기 반사의 전제로 쓰이느냐에 따라 차이점을 드러낸다. 파블로프는 실험실의 개들이 음식을 보고 침을 흘리는 무조건반사에 조교의 발소리라는 경험(조건)을 얹을 경우, 조건반사 역시 무시할 수 없는 위력이 있다는 사실을 입증하려고 했다. 그는 훗날 고전적 조건화(classical conditioning)라고 불리게 될 유명한 실험을 수행한다. 실험은 다음과 같은 간단한 전제를 바탕으로 이루어졌다.

① 사료를 주었을 때 개가 군침을 흘리는 것은 지극히 정상적인 반응이다.
② 여기에 종소리를 들려주면서 사료를 준다면, 개는 자연스럽게 종소리와 사료를 연관 지어 학습하게 될 것이다.
③ 시간을 두고 '종소리–사료' 학습이 반복된다면, 그 연관성은 더 강화될 것이다.
④ 이후 개는 사료 없이 종소리만 들어도 자동으로 사료를 연상하며 군침을 흘릴 것이다.

이러한 가설을 입증하기 위해, 그는 자신이 고안한 장치에다 실험견을 묶어두고 실제로 타액 실험을 진행했다. 개가 침을 진짜 흘리는지 알아보기 위해 입에다 호스까지 달았다. 제일 먼저 그는 개에게 종소리를 들려준다. 개는 종소리에 대한 아무런 경험이나

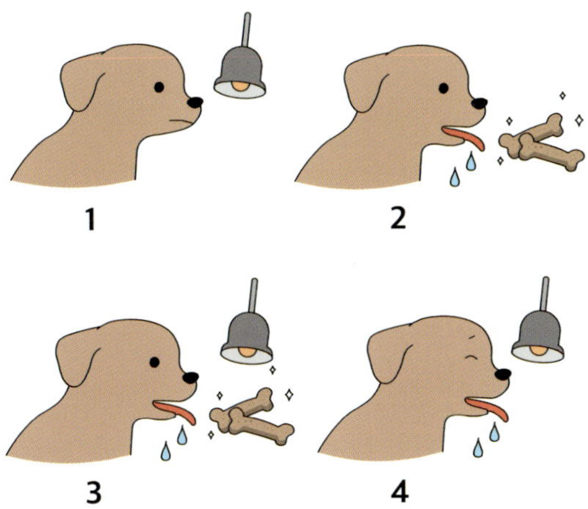

1. 종소리에 아무 반응을 하지 않는다. (종소리: 중립자극)
2. 먹이를 보고 본능적으로 침을 흘린다. (사료: 무조건자극, 침: 무조건반사)
3. 종소리를 들려준 후 바로 먹이를 준다. (조건화)
4. 먹이 없이 종소리만으로도 침을 흘린다. (종소리: 조건자극, 침: 조건반사)

학습이 이뤄지지 않았기 때문에 잠깐 쳐다볼 뿐 별다른 반응을 보이지 않는다. 이렇게 아무런 반응이 이뤄지지 않은 자극을 중립자극(neutral stimulus)이라고 한다. 이후 개에게 사료를 준다. 개는 먹이를 보고 본능적으로 침을 질질 흘린다. 이때 사료는 개에게 군침이 돌게 만들었기 때문에 무조건자극(unconditioned stimulus)이 되며, 개는 자기도 모르게 침을 흘렸기 때문에 무조건반사(unconditioned reflex)를 보인 셈이다.

그다음, 그는 종을 울려주면서 약간의 시차를 두고 개에게 사료를 준다. 소리가 개에게 아무런 의미가 없었지만, 점차 종소리만 듣고도 개는 먹이를 연상한다. 이렇게 종소리와 사료를 함께 연결시키는 과정을 조건화(conditioning)라고 한다. 일례로, 강아지는 보호자가 부엌에서 간식 봉지를 뜯는 소리만 들어도 만사를 제쳐두고 한걸음에 달려온다. 그 강아지는 부스럭거리는 소리에 대한 일정한 경험을 축적했기 때문이다. 한동안 이처럼 조건화 과정을 반복하면, 어느 순간 사료 없이 종소리만 들어도 개는 자동적으로 침을 흘리게 된다. 이때 개에게 군침을 흘리게 만든 종소리는 조건화 과정을 통해 '조건자극(conditioned stimulus)'이 되었다. 이렇게 조건화되지 않은 자극(사료)과 조건화될 자극(종소리)이 함께 제시되면, 이전에 조건화되지 않았던 자극까지 조건화된다. 파블로프는 이 실험을 통해 그는 조건반사 개념을 확립했으며, 뇌신경계와 소화기관이 서로 연결되어 있음을 입증하여 1904년 노벨 생리의학상을 수상하였다. 파블로프의 조건반사 개념은 이후 동물행동학에 기본 토대가 되어 반려견 훈련에 다양한 방식으로 응용되었다.

(3) 고전적 조건화의 주요개념

① 습득과 소거

- 습득: 중립자극과 무조건자극 사이의 연합을 학습하는 것 시행 횟수와 두 자극이 제시되는 시차가 중요함
- 가르시아 효과(Garcia effect): 시행 횟수가 적어도 연합이 일어나는 경우가 있음 미각

혐오(taste aversion)

- 소거(extinction): 조건형성이 형성된 후, 조건자극과 무조건 자극이 함께 제시되지 않고 조건자극만 제시될 경우, 조건 반응을 유발하지 않음

② 자극일반화와 변별

- 자극일반화(stimulus generalization): 조건자극과 비슷한 자극에도 조건반사를 나타내는 경우
- 변별(discrimination): 자극일반화의 반대 개념. 조건자극과 유사한 자극을 구별, 선택적 강화를 사용하면 가능함

③ 자발적 회복과 재조건 형성

- 자발적 회복(spontaneous recovery): 소거가 일어난 후 일정 기간이 지난 후 조건자극을 제시하면 조건 반응이 다시 나타나는 경우
- 재조건 형성(reconditioning): 자발적 회복이 생긴 후 조건자극과 무조건 자극을 짝지어 제시하면 다시 원래 강도의 조건형성이 이루어짐

④ 고차적 조건형성

조건자극과 다른 중립자극을 연합시키면 새로운 중립자극도 조건자극이 됨

2) 존 왓슨의 앨버트 실험

(1) 존 왓슨(John Watson)

미국의 심리학자인 존 왓슨은 미국 노스캐롤라이나주 태

생으로 두뇌와 습득력이 매우 뛰어나서 16세에 퍼먼대학에 입학했다. 시카고대학에서 심리학 박사학위를 받고, 교수로 임용된 후, 볼티모어의 존스홉킨스대학으로 옮겨서 저명한 발달 심리학자 제임스 마크 볼드윈의 총애를 받아 왕성하게 학술활동을 하였고, 행동주의 심리학의 모태가 된 '어린 앨버트 실험(Little Albert experiment)'을 하여 심리학의 한 분야를 개척하였다.

1913년 발표한 논문 「행동주의자의 관점에서 본 심리학(Psychology as the behaviorist views it)」은 하나의 선언문과 같았고 학계에 큰 반향을 불러일으켰다. 그는 당시 유행하던 정신분석학과 정반대의 태도를 취하며 무의식의 존재를 부정하였고, 모든 행동은 학습에 의해 변화시킬 수 있고, 적절한 조건에 자극을 준다면 충분히 예측 가능하게 만들 수 있다고 여겼다. 그는 이반 파블로프(Ivan Petrovich Pavlov)의 고전적 조건형성 이론을 인간에게도 적용해 보려 했던 것이다. 그래서 왓슨은 "나에게 건강한 아기 12명을 주어라. 그러면 그들의 재능, 기호, 성향, 능력, 적성, 인종에 관계없이 잘 만들어진 나의 특별한 세계에서 그들을 잘 키워서 의사, 변호사, 예술가, 상인, 대통령 혹은 거지나 도둑 중 누구라도 될 수 있게 만들 것을 약속한다."라고 하였다.

(2) 어린 앨버트 실험과 자극 일반화

행동주의 심리학의 개척자로 알려진 존스홉킨스대학의 존 왓슨(John Broadus Watson)은 1920년 소위 '어린 앨버트 실험'이라는 유명한 연구를 진행한다. 개나 고양이를 가지고 실험을 진행했던 전임자들과 달리, 왓슨은 대담하게 직접 사람을 실험 대상으로 삼았다. 실험 과정은 이랬다. 사람들은 일반적으로 쥐를 무서워하는데, 왓슨은 이러한 두려움을 후천적인 학습이나 경험의 결과로 보았다. 일반인이라면 쥐에 대한 혐오감과 두려움이 있었겠지만, 어린 앨버트는 평소 쥐를 무서워하지 않는 아기였기 때문에 서슴지 않고 쥐를 가지고 놀았다. 그에게 쥐는 혐오감을 주지 않는 중립자극이었던 셈이다. 이후 쥐와 놀고 있는 앨버트에게 갑자기 시끄러운 소리를 가했다. 그는 깜짝 놀라 울기 시작했다. 이후 규칙적으로 시끄러운 소리와 쥐를 같이 연계해서 주면, 이후에는 소리 없이 쥐만 보고도 앨버트는 겁에 질려 울음을 터뜨렸다. 평소 별다른 혐오감이 없었던 앨버트가 쥐를 보기만 해도 자지러지게 울게 되면서 쥐가 그에게 조건자극으로 남았다. 이렇듯 앨버트가 쥐가 아닌 토끼 등의 다른 털 짐승이나 솜뭉치를 보고도 놀란 것은 '자극일반화(Stimulus Generalization)'를 의미하는 것이다.

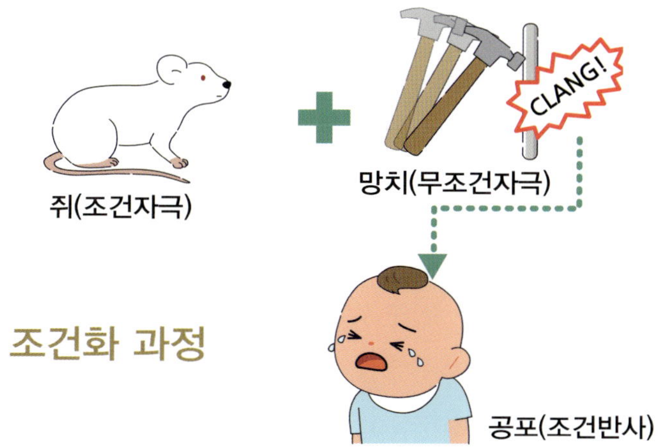

어린 앨버트 실험

지금으로 보자면, 아동학대에 해당하는 기괴한 실험[2]이었지만, 어린 앨버트 실험은 두 가지 측면에서 학문적인 의의가 있었다. 첫 번째는 파블로프의 실험이 신체적인 생리

2 2010년, BBC방송은 실험에 동참했던 앨버트를 찾는 다큐멘터리 「어린 앨버트를 찾아서(Finding Little Albert)」를 방영했다. 방송은 당시 앨버트라는 이름은 존재하지 않았고, 존스홉킨스대학에서 일하던 여직원의 아들 더글러스가 실험에 참여했다는 결론을 내렸다. 안타깝게도 더글러스는 이미 6세 때 뇌수종으로 유명을 달리했다고 한다.

반응에 집중된 구조였다면, 왓슨의 실험은 다분히 정서적인 반응에 관심을 둔 연구였다는 점이다. 이로써 미국의 행동주의 심리학이 단순히 행동뿐만 아니라 정서적 반응까지 조건화할 수 있다는 가능성을 주장하도록 길을 열어주었다. 두 번째는 긍정적인 조건화를 상정한 파블로프의 실험과 달리 왓슨의 실험이 부정적인 조건화도 조건반사를 끌어낼 수 있다는 점을 확인했다는 사실이다. 이는 뒤이어 등장한 스키너의 연구를 이론적으로 가능하게 했다. 특히 어린 앨버트 실험은 컬럼비아대학의 메리 존스(Mary Cover Jones)에게 영감을 주었다. 1924년, 그녀는 앨버트와는 반대로 쥐에 대한 공포심을 갖고 있던 세 살짜리 남자아이 피터를 데리고 실험을 진행했다. 학계에서 '어린 피터 실험(Little Peter experiment)'이라고 부르는 실험 구조는 말 그대로 왓슨의 실험과 정반대였다. 왓슨이 앨버트에게 불쾌한 소음과 흰쥐를 결합해서 공포 반응을 이끌어 내었다면, 메리 존스는 흰쥐 옆에 아이가 좋아하는 음식을 함께 두어 쥐에 대한 공포심을 제거하는 것이 목표였다. 실험은 성공적이었다. 피터는 점차 흰쥐에 대한 두려움을 극복했고, 마침내 아무렇지 않게 흰쥐를 만지고 놀 수 있게 되었다. 이것은 가장 고전적인 행동치료의 첫 사례로 꼽힌다. 이후 존스는 유사한 연구를 다양한 장소에서 365명의 아이들을 대상으로 실시했고, 다양한 임상에서 행동치료를 적용하고 기법을 개발하면서 '행동치료의 대모'라 불리게 되었다.

학습정리

- 학습이란 직접 또는 간접적 경험이나 훈련에 의한 비교적 영속적인 행동의 변화이다.
- 학습의 4단계는 첫 번째 새로운 행동을 습득하는 단계, 두 번째 행동을 유창하게 하는 단계, 세 번째 단계는 다양한 상황에 일반화시키는 단계, 네 번째는 시간이 지나도 유지하는 단계이다.
- 무조건 반응을 일으키는 무조건 자극과 반응과는 무관한 중립자극이 함께 반복하여 주어지면 곧 중립자극만으로도 반사반응을 일으키는 것을 고전적 조건화라고 한다.
- 존 왓슨은 파블로프의 고전적 조건화의 자극–반사 모형을 통해 인간행동을 예측하고 통제하는 것에 대해 연구하기 위해 직접 어린 아기인 앨버트와 함께 조건형성 실험을 진행하였다.

1. 다음 학습의 방법 중 새롭게 습득한 행동을 다양한 환경과 상황에서 적절하게 적용하는 것을 무엇이라고 하는지 고르시오.

① 습득	② 유창화
③ 일반화	④ 유지

2. 무조건 반응을 일으키는 무조건 자극과 반응과는 무관한 중립자극이 함께 반복하여 주어지면 곧 중립자극만으로도 반사반응을 일으키는 것을 무엇이라고 하는가?

① 고전적 조건화	② 도구적 조건화
③ 점진적 조건화	④ 조작적 조건화

3. 학습의 4단계 중 첫 번째 단계로 이 단계에서 개는 새로운 행동을 얻는다. 어떤 단계인지 고르시오.

① 습득단계	② 유창화단계
③ 일반화단계	④ 유지단계

4. 존 왓슨의 '어린 앨버트 실험'에서 앨버트가 쥐가 아닌 토끼 등의 다른 털 짐승이나 솜 뭉치를 보고도 놀란 것은 무슨 현상이라고 하는가?

① 고전적 조건화
② 효과의 법칙
③ 자극 일반화
④ 준비성의 법칙

5. (   )에 들어갈 올바른 단어를 쓰시오.

(   )은 내부에서 일어나는 변화이다. 또한 (   )은 간접적으로도 일어날 수 있다. (   )은 직접 또는 간접적 경험이나 훈련에 의한 비교적 영속적인 행동의 변화이다.

1. ③ 2. ① 3. ① 4. ③ 5. 학습

7장
행동주의 심리학의 전개

학습목표

1. 손다이크가 진행한 실험은 무엇이고, 그 실험을 통해 어떠한 이론을 정립하였는지 구체적으로 설명할 수 있다.
2. 스키너의 조작적 조건화의 원리를 이해하고, 조작적 조건화가 행동주의 심리학에 끼친 영향에 대해 이해할 수 있다.
3. 강화와 처벌의 개념을 이해하고, 정적강화, 부적강화, 정적처벌, 부적처벌이 무엇인지 구분하며 구체적인 사례를 들 수 있다.

행동주의는 1930년대 들어서면서 미국의 실험심리학계에 뿌리를 내리기 시작하였다.

왓슨(John Watson)은 학계를 떠난 후에도 행동주의를 전파하는 역할을 확실하게 수행하였다. 행동주의가 미국 심리학의 한 세력으로 발전하게 된 것은 대중들이 자녀를 양육하고 효율적인 방법을 발견했다는 신념에서 비롯되었다. 그러나 행동주위에 대한 대중의 열광만으로 행동주의가 영향력을 전부 설명할 주는 없다. 행동주의가 미국 심리학의 전면에 서게 되는 데에는 1920년대 있었던 다른 사건들도 중요한 역할을 하였다.

첫째, 파블로프(Ivan Pavlov)의 많은 연구들이 영어로 번역되어 소개되었다. 파블로프의 연구는 미국 심리학자들이 공개적이고 측정 가능한 행동의 모형의 좋은 예시가 되었다. 둘째, 『현대 물리학의 논리(The Logic of Modern Physics, 1927)』라는 책에서 조작주의(operation-ism)가 미국의 심리학자들에게 소개되었는데 이 조작주의는 실증주의와 함께 신행동주의에 대한 기초를 제공하게 되었다.

파블로프와 왓슨이 행동주의를 개척했다면 본격적으로 행동주의를 전개한 세 명의 학자들은 에드워드 톨먼(Edward Tolman), 클라크 헐(Clark Hull), 그리고 벌허스 프레더릭 스키너(Burrhus Frederic Skinner)이다. 그중 스키너는 미국 진보주의 시대의 소도시인 펜실베이니아주 출신으로 행동주의 중에서도 가장 급진적인 신행동주의자로 불린다. 특히 과학에 대한 스키너의 접근 방법은 톨먼이나 헐과 비교하면 사뭇 달랐다. 그는 이론적 명제에서 가설을 연역해 낸 후 그 가설을 검증하는 연구 방법을 고안해 내기보다는 프랜시스 베이컨(Francis Bacon) 경의 연구 전통을 이어받아 좀 더 비공식적이고 귀납적인 접근 방법을 선호하였다고 한다. 이번 장에서는 스키너의 업적에 초점을 맞추어 행동주의적 사고의 발달을 기술해 나갈 것이다.

1. 도구적 조건화

1) 손다이크의 도구적 조건화

(1) 손다이크(Edward Thorndike)

- 미국의 심리학자
- 하버드대학에서 동물실험에 종사하였다. 1903년 컬럼비아대학교 교수를 시작으로 1940년 명예 교수가 되었다.
- 1899년에 '동물의 지능'이라는 논문을 발표하여 학계의 주목을 받았다.
- 고양이를 이용한 '손다이크의 문제상자'의 실험으로 시행착오설이라는 학습이론을 주장하였다.
- 1903년 훈련의 전이에 관한 연구결과를 발표하였고, 그 후 그의 이론은 연합주의 혹은 결합주의로 불렸다.

(2) 도구적 조건화 실험

러시아에 파블로프가 있었다면, 미국에는 에드워드 손다이크(Edward Lee Thorndike)가 있었다. 그는 파블로프의 고전적 조건화와는 반대의 실험을 계획했다. 조건자극 다음에 강화를 주었던 파블로프와는 달리, 그는 동물의 반응을 조건자극 앞에 배치했다. 실험 대상도 개가 아닌 고양이였다. 이를 위해 그는 소위 '퍼즐 상자(puzzle box)'를 고안해냈다. 이 상자는 훗날 스키너에게 많은 영감을 주었다. 손다이크가 설계한 상자는 문을 가로지른 고리나 이와 연동된 발판, 창살 등으로 이루어져 있었는데, 고양이가 오직 발판을 눌러야 상자의 문이 열리도록 되어 있었다. 눈앞에는 먹음직스러운 사료가 놓여 있었지만, 창살이 가로막고 있어 발을 뻗어도 닿지 않았다.

손다이크가 고안한 퍼즐 상자

고양이는 상자에서 탈출하기 위해 여러 가지 시도들을 감행한다. 이것저것 만져보기도 하고 누르고 두들겨보기도 하고 바닥을 할퀴기도 하고 창살 사이로 발을 내밀어 보기도 한다. 그러한 시행착오 가운데 우연히 발판을 건드렸을 때 문이 활짝 열리게 되고, 이를 반복하면서 고양이는 발판이 문과 연결되어 있다는 구조적인 사실을 학습하게 된다. 시험이 지속될수록 실수는 점점 줄어들게 되고, 나중에는 자신이 건드린 장치의 의미를 정확하게 알게 되면서 고양이는 집중적으로 발판만 눌렀다. 손다이크는 이를 '**시행착오학습**'이라고 불렀다.

파블로프의 고전적 조건화에서는 동물이 반응을 하든 안 하든 간에 상관없이 강화가 주어지는 방식으로 조건화가 이루어졌다면, 손다이크의 실험에서는 강화가 주어지기 위해서 동물이 먼저 반응을 해야만 했다. 이를 **도구적 조건화**(instrumental conditioning)라고 부른다. 위 실험을 통해 손다이크는 "긍정적인 결과는 기억하고 부정적인 결과는 잊으면서 행위와 결과 사이에 연결성을 구축하여 학습한다."라는 유명한 주장을 남겼고, 이를 **효과의 법칙**(law of effect)이라고 명명했다. 또한, 손다이크는 만일, 개체가 스스로 행동한 결과에 만족하게 되면 그 행동을 되풀이하는 경향이 발생하며, 만족 사이에 존재하는 불만족 또한 전체적인 결과가 좋으면 만족을 가져올 수 있다고 하였다. 이것이 바로 효과의 법칙을 '**결과의 법칙**'이라고도 한 이유이다.

다이크처럼 동물을 대상으로 행동의 조건화를 연구하기로 마음먹었다. 우선 그는 커다란 상자에 지렛대를 넣어 두고 비둘기가 이를 부리로 쪼면 먹이가 보상으로 주어지도록 설계했다. 실험 대상인 비둘기는 상자 안에서 버튼을 쪼아 먹이를 얻을 수 있다는 단순한 사실을 학습한다. 유의미한 실험 결과를 얻기 전까지 상자 밖을 나올 수 없었던 가련한 비둘기는 속절없이 계속 버튼을 쪼아야 했다. 일정한 시간이 흐르면서, 비둘기는 자발적으로 버튼을 조작하여 손쉽게 먹이를 받아먹도록 조건화되었다. 이를 앞선 파블로프의 고전적 조건화, 손다이크의 도구적 조건화의 상대적인 개념으로 조작적 조건화(operant conditioning)라고 부른다. 이 과정에서 스키너는 강화(reinforcement)와 처벌(punishment)을 통해 비둘기의 행동을 조절할 수 있다는 사실을 알았다.

2) 강화와 처벌

(1) 강화

- 스키너는 유기체가 어떤 행동을 한 결과가 스스로에게 유리한 행동을 자주하게 된다는 것을 발견함
- 그 행동의 결과로 주어진 것으로 행동의 빈도를 높이는 자극을 강화인이라고 함
- 강화인은 일차적 강화인과 이차적 강화인으로 구별
- 조작적 조건화에서는 보통 강화인으로 보상을 가리킴
- 보상으로는 먹이, 칭찬, 쓰다듬기 등이 이용됨
- 보다 빠르고 확실하게 조건화를 성립시키기 위해서는 반응과 동시 혹은 직후에 강화가 바로 이루어져야 함

강화와 처벌에 따른 행동변화

(2) 처벌

- 특정 반응이 재발할 가능성을 줄이기 위해 그 반응이 가장 클 때나 반응 직후에 혐오자극을 주거나 보상물을 배제하는 것
- 적절한 타이밍, 적절한 강도 및 일관성이 필요

3) 강화물의 종류

(1) 일차강화와 이차강화

① 일차강화

- 유기체가 학습한 적이 없어도 생물학적 욕구를 만족시켜주기 때문에 행동의 발생 빈도를 증가시키는 자극

  예 공복 시 음식, 갈증 시 물

② 이차적 강화물

- 원래 중립자극이던 것이 일차적 강화물과 연합되면서 일차적 강화물의 기능을 하는 것

  예 돈, 칭찬, 격려, 승진

(2) 정적강화와 부적강화

강화는 비둘기가 특별하게 요구된 행동을 반복적으로 하도록 만드는 방식으로, 스키너는 여기에 긍정적인 강화와 부정적인 강화가 있다고 보았다. 전자를 정적강화[1](positive reinforcement), 후자를 부적강화(negative reinforcement)라고 한다. 정적강화는 보상을 주는 방식으로 바람직한 행동을 끌어내며, 부적강화는 보상을 빼앗는 방식으로 그 행동을 유도한다. 이와 반대로 처벌은 비둘기가 특별한 행동을 덜 하도록 만드는 방식으로 여기에도 정적처벌(positive punishment)과 부적처벌(negative punishment)이 존재한다. 정적처벌은 특정 자극을 주는 방식으로 바람직하지 않은 행동을 없애며, 부적처벌은 특정 자극을 제거하는 방식으로 그 행동을 없앤다. 쉬운 예를 들면, 다음과 같다. 회사에서 일을 잘 하거나 성과가 좋은 직원에게 포상 휴가나 인센티브를 주는 것은 정적강화에 해당한다. 잘 했을 때 좋아하는 자극을 제공해주는 것(⊕)이다. 그 직원이 업무에 충실하여 얻어낸 보상은 다시 일의 능률을 올려주게 되어 직원의 사기가 올라간다. 반면 회사에서 재교육을 받는 과정에서 능동적으로 참여한 직원에게 오후 교육을 2시간 빼주는 것은 부적강화에 해당한다. 잘 했을 때 싫어하는 자극을 제거해주는 것(⊖)이다. 누구라도 지겨워

1 '포지티브(positive)'에는 크게 3가지 의미가 들어있다. 첫 번째 포지티브는 보통 사람의 성격을 지칭하는 '긍정적인'이라는 의미이다. 두 번째 포지티브는 전기적으로 플러스(⊕) 상태, 수학적으로 정수(正數), 광학적으로 양(陽)을 지칭한다. 반면 심리학이나 동물행동학에서 말하는 세 번째 포지티브는 이들과는 사뭇 다른 의미이다. 보통 이 경우의 포지티브는 '좋다', '긍정적이다'라는 뜻이 아니라 '더하다'라는 뜻을 가지고 있다.

하는 보수교육을 퍼포먼스에 따라 일정 부분 제외시켜주므로 교육의 능률을 올리는 방식이다. 반면 학교 수업 시간에 말을 안 듣거나 떠드는 학생을 체벌하는 것은 긍적처벌에 해당한다. 잘못 했을 때 싫어하는 자극을 제공해주는 것(⊕)이다. 아이는 체벌이 무서워 수업에 고분고분하게 있으려 한다. 마지막으로 컴퓨터 게임을 과도하게 하는 자녀에게 엄마가 용돈을 줄이는 것은 부적처벌에 해당한다. 잘못 했을 때 좋은 자극을 제거하는 것(⊖)이다. 아이는 용돈을 빼앗길까 봐 게임을 줄이려고 한다. 이를 도표로 나타내면, 다음과 같다.

강화와 처벌의 정의

	강화 **행동을 더 하게 한다**	**처벌** **행동을 못 하게 한다**
⊕ **정적** **~을 제공하여**	**정적강화** 좋아하는 자극을 제공하여 행동을 더 하게 한다.	**정적처벌** 싫어하는 자극을 제공하여 행동을 못 하게 한다.
⊖ **부적** **~을 제거하여**	**부적강화** 싫어하는 자극을 제거하여 행동을 더 하게 한다.	**부적처벌** 좋아하는 자극을 제거하여 행동을 못 하게 한다.

제2차 세계대전 당시, 미국 정부에 소위 '비둘기 프로젝트'를 제안할 정도로 행동의 교정과 학습에 맹신에 가까운 신념을 보였던 그는 이후 인간의 행동도 이러한 강화와 처벌이라는 메커니즘을 통해 얼마든지 형성하고 교정할 수 있다고 믿었다. 그의 이러한 이론은 나중에 여러 동물훈련사와 반려견 행동교정가들에 의해 수용되었다. 특히 20세기 후반 동물행동과 관련하여 정립된 여러 이론들은 대부분 이러한 스키너의 이론을 바탕으로 세워진 것이다.

① **정적강화(긍정/양성)**

- **행동을 강화시키기 위해 좋아하는 것을 주는 것**
  - 회사에서 받는 월급
  - 심부름을 하면 엄마가 쓰다듬어 주며 칭찬을 해줌
  - 명령을 잘 따르면 개에게 간식을 줌

② **정적처벌(긍정/양성)**

- **행동을 약화시키기 위해 싫어하는 것을 주는 것**
  - 숙제를 안 하면 손바닥을 맞는 것
  - 개가 짖으면 전기충격기 버튼을 눌러 충격을 주는 것
  - 신호위반을 하면 벌금을 내는 것

③ **부적강화(부정/음성)**

- **행동을 강화시키기 위해 싫어하는 것을 제거해주는 것**
  - 안전벨트를 매면 경고음이 꺼지는 것
  - 개가 조용히 하면 케이지 밖으로 꺼내주는 것
  - 실험을 잘 보면 숙제를 안 내주는 것

④ 부적처벌(부정/음성)

- **행동을 약화시키기 위해 좋아하는 것을 제거해주는 것**
  - 거짓말을 하면 장난감을 뺏는 것
  - 개가 짖으면 주인이 사라져버리는 것
  - 결근을 자주 하면 급여를 받지 못하는 것

연습하기

1. 메모지에 다음과 같이 표를 그리시오.
2. 각 단어에 해당되는 코드를 표시하시오.
3. 코드에 알맞은 예시를 들어보시오.

정적강화	정적처벌
부적강화	부적처벌

학습정리

- 어떤 반응을 하였을 때 그 반응이 결과적으로 동물에게 즐거움을 초래할 경우 그때의 자극과 반응을 결합하여 다음의 유사상황에 놓일 경우, 결과가 만족스러우면 자극과 반응의 결합이 강화된다는 이론은 손다이크의 효과의 법칙이다.
- 행동주의 학습이론은 어떤 반응에 대해 선택적으로 보상함으로써 그 반응이 일어날 확률을 증가시키거나 감소시키는 것이다.
- 강화란 유기체가 어떤 행동을 한 결과가 스스로에게 유리하면 그 행동을 자주 하게 된다는 것이다.
- 처벌은 유기체가 어떤 행동을 한 결과가 스스로에게 불리하면 그 행동의 빈도수가 줄어드는 것이다.
- 정적강화는 좋아하는 자극을 제공하여 행동을 더 하게 하는 것이다.
- 정적처벌은 싫어하는 자극을 제공하여 행동을 못 하게 하는 것이다.
- 부적강화는 싫어하는 자극을 제거하여 행동을 더 하게 하는 것이다.
- 부적처벌은 좋아하는 자극을 제거하여 행동을 못 하게 하는 것이다.

1. 어떤 반응에 대해 선택적으로 보상함으로써 그 반응이 일어날 확률을 증가시키거나 감소시키는 원리를 무엇이라 하는가?

① 고전적 조건화 ② 도구적 조건화
③ 점진적 조건화 ④ 조작적 조건화

2. 숙제를 안 하면 손바닥을 맞는 것과 같이 행동을 약화시키기 위해 싫어하는 것을 주는 것을 무엇이라고 하는가?

① 정적강화 ② 정적처벌
③ 부적강화 ④ 부적처벌

3. 크레이트에 들어가면 보상을 하는 방법은 어떠한 훈련의 원리인가?

① 정적강화 ② 정적처벌
③ 부적강화 ④ 부적처벌

4. 배변을 올바른 곳에 잘 한 후 보상으로 산책을 시켜주는 방법은 어떠한 훈련의 원리인가?

① 정적강화
② 정적처벌
③ 부적강화
④ 부적처벌

5. 유기체가 어떤 행동을 한 결과가 스스로에게 불리하면 그 행동의 빈도수가 줄어드는 것을 무엇이라고 하는지 고르시오.

① 강화
② 처벌
③ 조형
④ 변별

1. ④ 2. ② 3. ① 4. ① 5. ②

8장
문제행동분석 – Biting(무는 행동)

학습목표

1. 무는 행동을 예방하기 위한 교육법을 설명할 수 있다.
2. 개가 사람을 무는 이유에 대해 구체적으로 설명할 수 있다.
3. 동물보호법상 맹견은 어떤 종류가 있는지 구체적으로 구분할 수 있다.
4. 놀이를 통한 게임으로 무는 행동을 억제할 수 있는 행동 트레이닝을 실행할 수 있다.
5. 무는 행동을 예방할 수 있는 기질 트레이닝을 실행할 수 있다.

1. 사람이나 동물을 무는 행동 - Biting

1) 개의 무는 행동은 정상이다.

(1) 어떤 개도 물 수 있다!

• 사나운 큰 개나 맹견만 사람을 무는 것은 아니다. 오히려 소형견에 의한 물림 사고가 훨씬 더 빈번하게 일어나고 있다.

• 소심하고 겁쟁이 개일수록 물 확률이 높다.

• 잘못된 체벌식 교육은 개를 공격적으로 만들 수 있다.

(2) 바이팅(Biting)의 예방교육은 강아지 시기가 최적기이다.

• 사람에게 심각한 상처를 입힐 정도로 이빨이나 턱이 발달하기 전에 하는 것이 좋다.

• 강아지의 공격적인 본능이 발달하기 전에 시작하는 것이 좋다.

• 체력이나 체구에서 자신감이나 우위감이 형성되기 전에 하는 것이 좋다.

• 백지 같은 공백에 좋은 습관을 형성하기 위해서 일찍 시작하는 것이 좋다.

2) 개가 사람이나 동물을 무는 이유

(1) 소유욕

• 자기의 영역에 대한 소유욕

• 자신의 물건(먹이, 장난감, 방석 등)에 대한 소유욕

• 애착 대상(주인, 자기가 속한 무리)에 대한 소유욕

(2) 공포심 - 무섭거나 두려워서

• 겁이 나거나 공포감을 느낄 때 자신을 보호하기 위해서 물 수 있음

- 낯선 상대에게나 낯선 장소에서 더욱 두드러짐
- 무서웠던 기억, 학대받았던 기억 등의 트라우마

(3) 부상과 질병 – 신체적으로 아프거나 고통이 따르면

- 아프면 좋아하는 주인이 자신을 만지는 것도 싫어할 수 있음
- 신체적으로 아플 때는 예민해지고, 공격적으로 변할 수 있음
- 피부질환, 골절, 외상 등 다양한 상황에서 발생함

(4) 추적본능 – 움직이는 물체 쫓기

- 놀이하는 동안 개로부터 도망치거나 소리를 내며 달려가면 개의 무는 행동을 유발할 수 있음
- 움직이는 물체를 쫓는 본능이나 사냥에서의 포식적인 추적감(Prey Drive)이 유발될 수 있음
- 뛰는 사람, 자전거, 오토바이에 유사한 반응함

(5) 놀람 반사 – 갑자기 깜짝 놀랄 경우

- 자는 개를 무심결에 건드리다 잠결에 무는 경우
- 뒤에서 갑자기 접근하여 놀라게 하는 경우
- 갑자기 꼬리나 옆구리 등 민감한 부위 건드린 경우

(6) 모성애 – 새끼를 출산하였을 때

- 순한 개도 출산 후 자기 새끼에 대해서는 극도의 경계심 보임
- 새끼강아지 곁에 가거나 새끼강아지를 만지려고 하면 보호하기 위해서 물 수 있음

(7) 습관화 – 문제해결 방식으로 이용

- 처음에는 특정한 원인으로 유발되었던 무는 행동이라도, 자주 반복하게 되면 습관이 될 수 있음
- 자기가 물면 모든 상황이 종료된다는 것을 학습하여 난처한 상황에 닥치게 되면 습관적으로 무는 행동이 나올 수 있음
- 습관화가 되어 자기가 싫어하는 상황이나 피하고 싶은 상황에서는 무는 방법으로 그 상황을 끝내고 회피하려고 함

3) 공격 전 신호

- 뒷목 털을 세운다. (Hackles raised)
- 동공이 확장된다. (Pupils dliated)
- 코에 주름이 잡힌다. (Nose wrinkled)
- 치아가 드러난다. (Teeth maybe somewhat visible)
- 입꼬리가 뒤로 당겨진다. (Corner of mouth pulled back)
- 자세를 낮춘다. (body lowered)
- 꼬리를 안으로 감는다. (Tail tucked)

이런 행동을 한다면 "화가 났다"는 표현

몸을 움추리며, 꼬리를 배 안쪽으로 넣어 성기를 감싼다.

온몸을 꼿꼿이 세우고 공격적으로 짖는다.

2. 사람을 무는 행동교정을 위한 레슨

1) 복합예방책

(1) 무는 행동의 수정은 행동적인 측면과 기질적인 측면을 모두 고려해야 한다.

- 행동 트레이닝: 개의 문제행동을 교정하여 사람을 물지 않게 행동수정교육을 진행해야 한다.
- 기질 트레이닝: 상대방을 무는 경향을 줄이기 위해 둔감화교육을 실시하여 장기적인 교육방법으로 기질을 개선해야 한다.

(2) 무는 행동의 수정은 보호자의 적극적인 협조가 바탕이 되어야 한다.

- 보호자 트레이닝: 보호자 교육을 통해 물리지 않는 상황을 만들도록 사람이나 환경의 잘못된 문제점을 파악하여, 올바르게 개선해야 한다.

행동 트레이닝

- 무는 행동 자체를 억제하기 위해서
- 무는 행동의 빈도를 줄이기 위해서
- 무는 힘을 억제하기 위해서

기질 트레이닝

- 무는 경향을 없애기 위해서
- 개의 성격을 개선하기 위해서
- 자신감과 우호감을 향상하기 위해서

2) 행동 트레이닝

(1) 강아지의 무는 행동을 억제하라.

- 어린 강아지가 아무것이나 깨무는 것은 지극히 정상적인 행동이며 자연스럽고 필요한 행동이지만 만일, 그런 행동을 청년기가 성년기까지 허용하는 것은 부적절하고, 상당히 위험한 일이다.
- 강아지가 무는 행동을 할 때 무턱대고 벌을 주어도 안 되고, 무조건 받아주어도 안 된다.
- 강아지의 무는 행동은 하루 이틀 만에 갑자기 행동을 멈출 수 없다.
- 강아지가 생후 4개월 정도 될 때까지 무는 행동을 억제하도록 가르치는 것이 좋다. 단, 너무 서두르면 역효과이다.

(2) 동배견끼리의 놀이 시간을 교육으로 활용하라.

- 무는 놀이 활동은 대체적으로 한배에서 태어난 형제끼리나 다른 강아지들 사이에서 할 수 있다.
- 무는 놀이는 약한 턱과 날카로운 이빨과의 협조적인 움직임을 통해 무는 강도를 미묘하게 컨트롤 할 수 있게 된다.
- 무는 놀이는 강아지가 성견이 되기 전, 무는 힘의 강도와 매너를 익히게 한다. 예를 들어, 놀이로 동료들을 물 때는 힘을 주어서 물면 즐거운 놀이가 끝날 수 있다는 것을 학습하게 되어 점차 힘의 강약을 조절할 수 있게 한다.

(3) 강아지의 무는 힘을 조절하게 하라.

- 강아지의 무는 힘을 억제하는 교육은 가장한 빨리 시작해야 한다.
- 교육의 첫 번째 목표는 아프게 무는 것과 일반 무는 것의 구별이다.

• 장난으로 물었을 때는 그 강도가 약하면 허용해주되, 장난이라도 강도나 빈도가 심할 경우는 반드시 명확하게 표현해서 그 차이를 구별하게 하는 것이 좋다.

무는 힘 트레이닝 레슨의 포인트

① 일상적으로 강아지에게 핸들링 교육을 하거나 강아지가 먼저 손가락을 무는 장난을 걸어올 때 자연스럽게 교육을 시작하는 것이 좋다.
② 무는 힘을 조절하는 교육의 가장 중요한 포인트는 확실하게 '아프다'는 것을 표현하는 것이다.
③ 또한, 아프다는 것을 표현할 때는 항상 일관되게 표현해야 한다.
④ '아픔'의 표현은 단순히 아프다는 뜻만을 전달하는 것이 아니고, 더 나아가 아프게 물게 되면 **재미있는 놀이가 끝난다는 것**을 알리는 것이며, **앞으로 그런 세기로 물면 안 된다는 것**을 학습시키는 것이다.

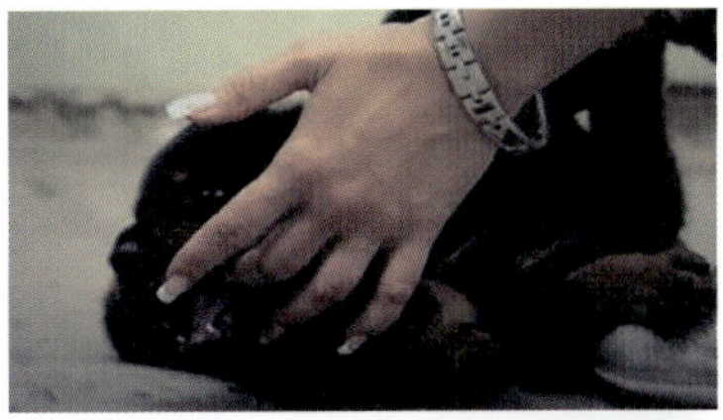

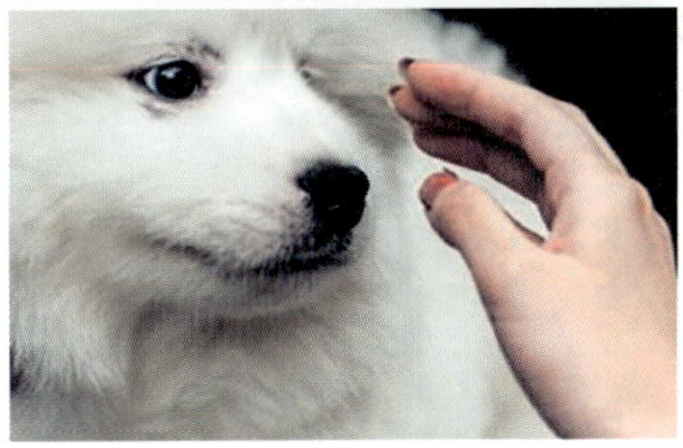

(4) 강아지의 무는 강도와 빈도를 통제하라.

• 무는 행동을 할 때마다 그 행동을 멈추는 지시어를 붙이는 연습을 한다.

  예 "그만", "안 돼", "no" 등

• 지시어는 온화하지만 명확하고, 단호하게 전달해야 한다.

• 강아지의 무는 행동을 처벌하게 되면, 반드시 그 후에는 잘하는 행동을 시키고, 잘한 행동에 보상해주어 강아지가 주인에 대한 신뢰감을 잃지 않도록 조절해 준다. 이러한 과정의 반복은 강아지로 하여금 주인이 허용하는 범위와 강도를 알수 있게 한다.

- 강아지의 무는 행동에 대해 처벌하게 될 경우, 처벌의 엄격함 정도를 고려하여 그 연령대의 강아지에게 혹은 그 개체의 성향에 적합한 방법인지 신중하게 판단하여야 한다.
- 손을 자근자근 씹거나 무는 행동이 어린 강아지에게는 지극히 정상적인 행위일 수 있지만, 적절한 타이밍에 경고를 하고, 적절한 강도를 지나칠 때 처벌한다면, 강아지의 무는 행동의 빈도는 점진적으로 감소할 수 있고, 무는 행동의 강도 역시 조절할 수 있다.

(5) 강아지에게 경고 사인을 학습시켜라.

- 강아지 시기에 장난삼아 사람의 손가락을 물거나 다른 동물과 장난치며 무는 행동을 하지 않는다면 오히려 위험한 신호로 생각할 수 있다.
- 어릴 때 무는 힘의 강도를 조절하는 방법을 학습하지 못한 강아지들은 성견에 되었을 때 숨어있는 시한폭탄과 같다. 만일, 위급한 순간에 자신을 지키기 위해 방어적인 공격을 취하게 될 경우, 자신의 무는 강도를 모르기 때문에 심각한 정도로 상대를 물 수 있기 때문이다.

3) 놀이를 통한 트레이닝

(1) 놀이를 통해 시작신호와 중단신호를 익히게 하라

- 시작하는 신호를 정하여 놀이를 시작할 때는 항상 강아지에게 신호를 주고 시작한다.
  예 "OK", "놀아", "물어" 등
- 시작하는 신호를 보낼 때는 개가 '엎드려'나 '기다려'를 하고 있을 때 시작하는 것이 좋다.
- 개가 먼저 놀고 싶다는 기색을 보일 경우, 주인이 놀아줄 수는 있지만, 놀이의 주도

권은 주인이 가지고 있는 것이 좋다.

- 놀이의 시간이 길면 지루해지고, 강아지가 집중력이 떨어질 수 있으니 놀이의 세션은 짧게 여러 번 반복하는 것이 좋다.
- 놀이를 잠시 중단할 때는 종료의 지시어를 내린 후, '앉아'나 '엎드려'와 같은 동작을 지시하여 그에 대한 보상으로 다시 놀이를 재시작하는 것도 좋다.
- 놀이가 완전히 종료되면 강아지가 장난치며 다가와도 더 이상 게임을 진행하지 않도록 한다.

(2) 무는 놀이의 규칙을 정하라.

- 무는 놀이를 할 때 가장 중요한 규칙은 게임의 시작과 끝을 주인이 결정하는 것이다.
- 무는 놀이의 대상이나 범위는 주인이 허용되는 범위에서만 행해져야 한다.
- 놀이 중에 강아지가 흥분해서 조금이라도 이빨의 압력이 강해졌다는 것을 느끼면 경고신호를 보내며 놀이를 즉시 중단해야 한다.

(3) 놀이를 통해서 명령에 무는 행동을 멈출 수 있게 하라.

- '내 개는 결코 물지 않는다'는 자신감이 있더라도 주인은 항상 개의 이빨이 무의식 중에라도 사람에게 세게 닿아서는 안 된다는 것을 반복해서 주입시켜야 한다.
- 장난감 놀이를 통해 장난감을 주고받는 규칙, 예를 들면 주인의 '놔'라는 명령에 장난감을 내려놓게 하는 규칙을 가르치도록 한다.

(4) 역조건부 훈련으로 예방하라.

- 역조건부 훈련의 원리는 개가 바람직하지 않은 행동을 할 때, 상반되는 행동을 취하도록 개를 트레이닝 시키는 것이다. 만일, 문제행동을 무조건 못 하게 하거나 그

런 행동을 할 때마다 화를 내거나 벌을 준다면, 당장은 그 행동을 멈출 수 있지만, 주인이 없을 때나 다른 사람과 있을 때는 욕구가 분출되어 행동이 더욱 악화될 수 있다.

- 차라리 '앉아, 기다려'를 시켜서 문제행동을 하지 않는 개를 칭찬한다'라는 역조건 훈련기법을 이용하는 편이 효과적이다. 사실, 문제행동의 해결방식은 독특한 트레이닝 방식이나 특별한 비법으로 교정하는 것보다 비교적 일반적이고, 손쉽게 실행할 수 있는 간단한 해결책이 더욱 효과적일 수 있다.
- 위와 같은 방법이 효과를 발휘하기 위해서 평소에 주인은 더욱더 기본적인 복종훈련을 강화시키는 것이 좋다. '이리와'나 '기다려'와 같은 가장 기초적인 기본복종이 잘 되어있다면 다급한 상황에서 문제행동을 예방하는 데 큰 도움이 될 수 있다.

4) 기질 트레이닝

- 기질(氣質)은 어떤 사람의 타고난 성질이다. 즉 '자극에 대한 민감성이나 특정한 유형의 정서적 반응을 보여주는 개인의 성격적 소질'이다.
- 기질은 정서와 성격을 형성하는 데 주요한 영향을 미친다.
- 기질은 선천적으로 타고난 것임에도 불구하고, 성장하면서 교육과 환경으로 인해 지속적으로 발달하고 변화할 수 있다.
- 타고난 성질이라는 점과 오래간다는 측면에서 기질은 특질(traits)과 유사하지만, 기질이 특질에 비해 정서와 더 연관돼 있다. 즉 기질은 차분함, 불안, 긴장 등 구체적인 정서적 특징들과 관련이 있고, 일반적으로 기분이나 정서를 나타내는 말로 흔히 쓰인다.

(1) 자신감을 향상시켜 방어적인 공격성 줄이기

- 자신이 기르는 개의 몸을 주인이 만질 수 없다는 것은 개나 주인 모두에게 불행한 일이자 개와 주인이 함께 사는 데 여러 방면에서 걸림돌이 될 수 있다. 보통, 키우게 될 동물을 핸들링하는 것은 매우 당연하다고 여기면서 유독 '개'라는 동물은 핸들링 교육이 강조되고 있지 않고 있는 실정이다.
- 주인은 개가 기본적인 동물적 본성을 갖고 있다는 사실을 인식하고, 다른 사람들도 만질 수 있는 개로 키우기 위해 적극적인 대책을 마련해야 한다.
- 주인은 개에게 사람이 만져도 '사람을 두려워할 필요가 없고, 물 필요도 없다'라는 것을 최대한 일찍 교육하는 것이 좋다.
- 개로 하여금 자신감을 갖게 하여 사람의 손길이 '즐거운 일'이라고 여겨지도록 조건화 교육을 해놓을 필요가 있다.

(2) 개의 신체적 정서적 건강을 위해 핸들링이 필요하다.

- 개들은 정기적으로 귀 청소, 발톱 깎기, 항문낭 짜기, 그루밍 등 케어가 필요하고 그러기 위해서는 사람의 손길과 그러한 도구에 익숙해져야 한다.
- 수의사나 미용사가 만져도 차분할 수 있도록 가르쳐 놓아야 한다.
- 개가 귀 청소나 발톱 깎기 등의 도구에 민감한 반응을 보이지 않고, 기꺼이 받아들일 수 있을 정도로 자신감을 갖게 하기 위해서는 상당한 인내심을 바탕으로 체계적인 둔감화 교육이 필요하다.

(3) 개의 입과 이빨을 핸들링한다.

- 개의 입을 핸들링할 때는 우선 입 주변을 만지는 행동부터 적응시킨다. 입 주변에 닿는 사람의 손길이 익숙해지면 윗입술을 엄지손가락으로 부드럽게 들어 올리며

몇 초간 이빨이 보이도록 해주고, 칭찬해준다.

- 이 단계가 가능해지면 1초 동안만이라도 개의 입을 벌리게 하며 칭찬해준다.
- 개가 입을 몇 초 동안 벌리는 것이 가능해지면 입을 벌린 채 이빨을 체크하는 주인의 손길도 받아들일 수 있게 된다.
- 입을 벌리거나 이빨을 만지는 등의 사람을 손길을 개가 기꺼이 받아들이고, 순응한다면 많은 칭찬과 보상을 주도록 한다.
- 이 과정은 천천히 진행되어야 하고, 항상 개의 상태를 민감하게 체크하면서 해야 한다.
- 개가 입을 만지는 것에 익숙해지면 이빨 닦기 습관을 가르칠 수 있다.
- 초반에는 바깥쪽 이빨 몇 개만 주로 닦아주다가 익숙해지면 점차 입 안쪽에 자리한 이빨도 닦아주도록 한다.

(4) 개의 발과 발톱을 핸들링한다.

- 발톱 깎기에 익숙하기 위해서 예행연습이 꼭 필요하다. 일단 발을 1초만 붙잡았다가 곧바로 풀어주는 방법으로 서서히 핸들링 부위를 발톱으로 좁혀가는 방법이 좋다.
- 발을 잡아서 보정하는 시간을 서서히 늘려가며 칭찬해준다.
- 좋아하는 간식과 함께 발톱 깎기를 소개하며 조건화를 시킨다.
- 발톱 깎기를 발톱에 대면서 칭찬해주고, 점차 시간을 늘리고, 발톱 깎는 행동을 취하도록 한다.

(5) 그루밍을 해주며 핸들링을 익숙하게 한다.

- 정기적으로 핸들링하거나 빗질을 하게 되면 벼룩, 이, 진드기 같은 외부 기생충이나 강아지풀 같은 이물질이 부착되어 있는지를 자연스럽게 체크할 수 있다.

• 장모 견종을 키우는 개는 특히 더욱더 브러싱에 익숙하도록 핸들링해야 한다.
• 손이나 도구를 사용하여 핸들링하듯 매일 브러싱을 해주면 피부와 피모의 건강도 촉진되고, 주인과 유대감도 깊어질 수 있다.

(6) 혐오 핸들링으로 일어날 수 있는 사고에 대비한다.

• 개를 깜짝 놀라게 하거나 고통을 느낄 정도의 자극이 주어져도 개가 두려워하지 않도록 혐오 자극에 익숙하게 길들이는 교육도 필요하다. 가끔 동물에 대한 지식이 없는 사람들의 부적절한 행동이나 예상하지 못한 돌발 행동으로 인해 개가 놀라거나 두려워서 의도치 않은 공격행동을 나타낼 수 있기 때문이다.
• 개 주인은 어떠한 상황에서도 개가 사람을 향해서 으르렁거리거나 물어서는 안 된다는 것을 개에게 미리 가르쳐 주어야 한다.
• 사람이 접근하거나 만지는 행동에 대해서도 위협을 느낄 필요가 없다는 것을 가르쳐야 한다.
• 가령 우발적인 고통을 받았더라도 깨갱거리며 물러나야지 사람을 물어서는 안 된다는 것을 가르쳐야 한다.

학습정리

- 바이팅(Biting)의 예방교육은 강아지 시기가 최적기이다.
- 무는 놀이의 가장 중요한 규칙은 게임의 시작과 끝을 주인이 결정하는 것이다.
- 무는 놀이에서 '아픔'의 표현은 아프다는 뜻 만이 아닌 재미있는 놀이의 끝이며 앞으로 그런 세기로 물면 안 된다는 교훈을 주어야 한다.
- 기질 트레이닝은 자신감을 갖게 하여 방어적인 공격성을 낮추는 것을 뜻한다.
- 앞으로 닥칠지 모르는 위험한 상황에 대비하기 위해 사전에 둔감화 교육을 실시하여 개가 놀라거나 두려워서 하지 않도록 한다.

1. 다음의 상황 중 개가 물 수 있는 가능성이 가장 낮은 것을 고르시오.

① 중이염이 있는 개에게 귀 소독을 해줄 때
② 주인이 낯선 사람의 냄새가 나는 타인 옷을 입고 집에 왔을 때
③ 출산 후 새끼를 돌보고 있는 모견에게 누군가 접근할 때
④ 산책 중 갑자기 어린아이가 소리를 지르며 막 뛰어가고 있을 때

2. 무는 개의 예방 교육을 실시하고자 하는 시기가 적절하지 않은 것을 고르시오.

① 강아지의 공격적인 본능이 발달하기 전에
② 체력이나 체구에서 자신감이나 우위감이 형성되기 전에
③ 성격이 차분해질 수 있는 유년기가 지나고 사춘기가 끝날 즈음에
④ 사람에게 심각한 상처를 입힐 정도로 이빨이나 턱이 발달하기 전에

3. 다음 중 동물보호법상 맹견이 아닌 것을 고르시오.

① 도사견과 그 잡종의 개
② 로트와일러
③ 진돗개와 그 잡종의 개
④ 핏불테리어

4. 개의 무는 행동을 수정하는 방법으로 옳지 않은 것을 고르시오.

① 상대방을 무는 경향을 줄이기 위해 기질을 개선해야 한다.
② 개의 문제행동을 교정하여 사람을 물지 않게 행동 트레이닝을 한다.
③ 무는 행동은 그 자체로 심각한 행동이기 때문에 다양한 방법을 통한 시도보다는 단일적인 방법으로 교정하도록 한다.
④ 무는 행동은 보호자 교육을 통해 사람의 잘못된 문제점이나 환경을 올바르게 개선하고 물리지 않는 상황을 만들도록 한다.

5. (　　)은 어떤 사람의 타고난 성질로 '자극에 대한 민감성이나 특정한 유형의 정서적 반응을 보여주는 개인의 성격적 소질'이다. 또한 (　　)은 정서와 성격을 형성하는 데 주요한 영향을 미친다.

① 체질(體質)　　② 기질(氣質)
③ 태생(胎生)　　④ 형태(形態)

1. ② 2. ③ 3. ③ 4. ③ 5. ②

9장
문제행동분석 – Chewing(씹는 행동)

학습목표

1. 개가 아무것이나 씹는 행동을 하는 이유를 이해하고, 다양한 원인을 설명할 수 있다.
2. 씹는 행동을 할 때 올바른 행동수정 방법을 설명할 수 있다.
3. 주인이 집에 없을 때 아무 물건이나 씹고, 파괴하는 행동을 예방할 수 있도록 풍부화를 실천하고, 환경 및 처우를 개선할 수 있다.

1. 씹거나 물어뜯는 행동 – Chewing

1) 개의 씹는 행동은 정상이다.

대부분의 강아지는 무엇인가를 물어뜯거나 씹는 것을 좋아한다. 그래서 소 힘줄로 만든 딱딱한 개껌도 팔고 있지 않은가. 어찌 보면 강아지와 개가 세상을 탐험할 때 물건을 씹는 것은 지극히 정상이다. 또한 무엇인가를 씹는 행동 자체는 개에게 여러 가지 이점도 있다. 어린 개에게는 이가 나는 시기에 생기는 통증인 둔통을 완화시키고, 나이가 많은 개에게는 턱을 강하게 하고, 치아를 깨끗하게 유지하게 하는 자연적인 방법이다. 또한 씹는 행동은 강아지들에게 지루함을 퇴치하고 가벼운 불안이나 좌절도 완화시킬 수 있다.

(1) 강아지 이갈이

- 흥미로운 물체를 탐색하고자 하는 욕망과 이갈이 시기는 강아지들의 씹고 뜯는 행동의 동기를 부여한다.
- 인간의 유아들과 마찬가지로 강아지들도 젖니가 빠지고 성견의 이빨로 들어가면서 생후 2~6개월 사이에 통증이 나타나기 시작한다.
- 강아지들은 이러한 둔통의 통증을 완화하기 위하여 무엇이든 갉아대기 시작하는데 이러한 행동은 생후 6개월까지 지속될 수 있다.
- 이갈이를 하는 강아지들에게 얼음 조각이나 얼린 수건을 주기도 하지만 이런 방법은 자칫 강아지의 이를 저리게 할 수 있으니 차라리 위생적으로 씹을 수 있는 부드러운 장난감을 주는 것이 좋다.

(2) 주변 탐색 및 놀이의 개념

- 어린 강아지는 주위의 환경을 탐색할 때 다양한 감각기관을 사용하는데, 특히 이곳저곳을 다니며 움직임을 주도하는 다리와 이것저것을 씹을 수 있는 턱은 강아지들의 탐색활동에 주로 사용되는 부위이다.
- 이러한 탐색활동은 강아지들에게 즐거움을 주는 특별한 놀이이기 때문에 강아지는

계속해서 무엇인가를 찾아다니며 씹는 행동을 하는 것이다.

- 또한, 무엇인가를 씹는 행동은 강아지에게 지루함을 떨쳐버리고, 가벼운 불안을 덜어낼 수 있는 방법이다.

(3) 분리불안의 징후

- 분리불안이 강한 개들은 불안감과 스트레스를 해소하기 위해 다양한 방법으로 불안을 표현한다. 씹는 행동 역시 분리불안으로 인한 불안감을 표현하는 행동으로 보통 분리불안이 있는 개들은 혼자 남겨졌을 때 씹는 행동이 가장 빈번하게 나타난다.
- 분리불안의 표현방식으로는 아무거나 씹고 파괴하는 행동 외에도 짖거나, 서성거리기도 하고, 잘하던 배변을 엉뚱한 곳에 하는 실수를 하기도 한다.

(4) 너무 이른 시기에 모견과 분리된 생활

- 어떤 개들은 천이나 옷을 핥고 빨고 씹는데 일부 전문가들은 이러한 행동이 너무 일찍(생후 7~8주 전에) 젖을 뗀 데서 비롯된다고 한다.
- 만약 천을 빨거나 씹는 행동이 이미 오랜 시간 동안 지속되어 개의 주의를 돌리기 어렵다면, 이미 그 행동은 강박적 습관이 된 것이다.

(5) 배고픔

- 칼로리가 제한적인 식단에 있는 개는 추가적인 영양 공급원을 찾기 위해 물체를 씹고 파괴할 수 있다.
- 개들은 보통 음식과 관련된 물건이나 음식 냄새가 남아있는 껍질이나 쓰레기로 관심이 향하기 마련이다.

(6) 무료함과 지루함, 에너지 과다

- 정상적인 개라도 장시간 오래 방치되어 있으면 무료하기도 하고, 남아도는 에너지를 해소하기 위해서 무엇인가를 찾아 씹는 행동으로 악화될 수 있다.
- 우리가 생각하는 것보다 개는 집에 혼자 남겨졌을 때 즐길 수 있는 일들이 매우 한정되어 있다.

2) 보호자들의 착각과 잘못

(1) 개들의 씹는 행동은 정상이니 받아들여야 한다.

씹는 것은 모든 연령대의 개들에게 완벽하게 정상적인 행동이다. 무엇인가를 씹는 활동은 그들의 턱을 강하게 하고 치아를 깨끗하게 유지시킨다. 개들은 뼈, 막대기, 그리고 이용 가능한 어떤 것이라도 씹는 것을 좋아한다. 재미로 씹고, 자극을 위해 씹고, 불안을 해소하기 위해 씹는다. 씹는 행동은 정상이지만, 씹는 물건이 부적절하면 큰 문제가 될 수 있다. 그렇기에 주인은 장난감을 선정할 때 개체의 연령이나 성향을 파악하여 올바른 장난감을 제공해주어야 한다. 또한 단지 장난감만 제공했다고 주인의 역할이 끝난 것이 아니라 개에게 씹어도 괜찮은 것과 그렇지 않은 것을 가르쳐주어야 한다. 그것도 재미있고 부드러운 방식으로 말이다.

(2) 문제가 될 수 있는 행동은 미리 예방해야 한다.

- 씹는 행동이 심하지 않아도 방치하면 문제가 될 수 있기 때문에 문제가 악화되기 전에 미리 교육을 하는 것이 좋다.
- 주인들은 보통 개가 올바른 행동을 하고 있을 때는 그것을 당연한 일로 생각하고 더 주의를 기울이지 않는 경향이 있는데, 언제든 올바른 행동을 할 때는 그 행동을

칭찬하고 보상을 해주어야 올바른 행동이 오래도록 유지될 수 있다.

- 보통 개의 씹는 행동은 혼자 남겨진 시간과 비례해서 나타난다. 즉, 개가 혼자 있는 시간이 길수록 무엇인가를 씹는 행동을 발달할 수밖에 없고, 지속적으로 혼자 방치된 시간이 지나치게 길다면 씹는 행동은 더욱 파괴적으로 강화될 것이다.
- 주인은 물건을 씹는 개의 '잘못'을 꾸짖기보다는 차라리 개가 적절한 물건을 씹었을 때 반드시 칭찬을 해주는 것이 좋다. 개의 그런 행동을 당연한 것이라 생각하지 말고, 매번 칭찬해주도록 하면, 파괴적으로 씹는 행동을 사전에 예방하는 데 도움이 될 수 있다.

(3) 부적절하게 씹는 행동은 방치하면 안 된다.

- 강아지에게 부적절하게 씹는 문제가 발생하면 대부분의 주인은 '이갈이 시기'니까 그럴 수 있다고 단순하게 생각만 하고 대응을 하지 않는 경우도 있다. 하지만 주인이 올바르게 가르쳐주지 않으면 부적절하게 씹는 활동은 자연스럽게 고쳐지기 힘들다.
- 씹는 활동은 개에게 상당히 즐거운 놀이이기 때문에 매우 쉽게 습관화될 수 있고, 한번 습관이 되면 고쳐지기 힘들며, 씹는 행동의 빈도와 강도 역시 더욱 강화될 수 있다.

(4) 체벌 위주의 교육 프로그램은 효과적이지 않다.

- 씹는 행동 교육 시 주의해야 할 점은 개가 잘못했을 때 벌을 주는 것이 아니라 개가 잘했을 때 칭찬해주는 것이다.
- 교육의 목적은 씹는 행동을 혼내려는 것이 아니라 개에게 무엇을 씹어야 하는지를

가르치는 것이기 때문이다.

- 만일, 개가 무엇인가를 씹고 있을 때 무작정 혼내기만 한다면, 개의 입장에서는 본능에 충실한 놀이를 하고 있을 뿐인데 체벌을 받는 꼴이니 잔혹한 처사를 받는 것이다.
- 또한, 빈번하고 엄하게 벌을 준다면 씹는 행동 문제를 교정하려는 원래의 의도와는 반대로 역효과가 나게 될 수 있다. 벌만 주는 교육 프로그램은 단순했던 행동문제를 급속하게 악화시켜 오히려 복잡하게 만들 뿐이다.

(5) 씹는 행동에 적절하지 못한 처벌은 사태를 더욱 악화시킬 뿐이다.

- 씹는 행동에 대한 처벌은 주인 입장에서는 개가 분별없이 물건을 씹었기 때문에 벌을 주었지만, 개의 입장에서는 집 안의 물건을 씹었을 뿐인데 '유죄'가 된 셈이다.
- 만일 씹는 행동을 처벌하려면 개가 잘못된 행동을 하는 순간에 해야 한다. 보상할 때도 타이밍이 중요하듯이 처벌을 할 때도 타이밍이 중요하기 때문이다.
- 잘못된 행동을 하고 나서 시간이 지난 후에 벌을 주는 것은 동물에게는 학대와 다름없다.
- 효과적인 벌을 주려면 범행 직후 1~2초 이내에 벌을 주어야 한다. 처벌이 늦어지면, 개는 그것을 범행과 연결하지 않고 주인과 연결하기 때문이다.
- 또한, 처벌 위주 교육이 효과를 발휘하기 어려운 것은 주인이 항상 잘못된 행동 현장을 목격하기 어렵기 때문이다.

2. 씹는 문제행동의 예방과 행동 개선 방법

1) 아무것이나 씹는 행동의 예방책

(1) 위험한 물건과 귀중한 물건을 치워라.

- 당신의 개가 쉽게 취득할 수 있는 곳이 물건을 방치하는 것은 100% 주인의 문제이다. 이런 것을 보고 '고양이에게 생선을 맡긴다'라고 표현할 수 있다. 앞서서 강조했듯이 내 개가 문제행동을 했다고 탓하기 전에 그 행동을 할 수 있는 상황과 환경을 만들지 않는 것이 훨씬 더 현명하다.

출처: https://pxhere.com/ko/photos?q=dog+chewing

반려견이 집 안에서 흔히 씹는 물건들

(2) 외출 시에는 많은 다양한 장난감이나 오래도록 씹을 수 있는 간식을 제공하라

- 장시간 외출 시에는 당신의 개가 오랫동안 씹을 수 있는 개껌이나 간식을 제공하도록 한다.
- 중요한 것은 한 종류를 한 번에 많이 제공하는 것보다 여러 종류의 간식을 자주 바꿔주어서 싫증이 나지 않도록 하는 것이 더 좋다.

오래 씹을 수 있는 간식과 장난감

(3) 두뇌를 쓰는 장난감을 활용하라

- 퍼즐 장난감이나 두뇌를 써야 먹이가 나오는 인지 장난감을 제공한다.
- 이러한 장난감은 개가 무료하게 시간을 때우는 대신 몸도 움직여야 하고, 머리도 써야 하기 때문에 지루하지 않게 시간을 보낼 수 있으며 인지발달에도 도움이 된다.
- 또한, 늘상 주어지는 먹이를 재미난 놀이로 획득하게 때문에 더욱 집중해서 파고들 수 있으며 불필요하게 물건을 씹는 행동을 예방할 수 있다.

다양한 인지 장난감

(4) 씹거나 물어뜯어서는 안 되는 물건에는 억제제를 뿌려놓아라.

- 억제제를 사용할 경우, 처음부터 물건에 바르고 개가 싫어하길 기다리는 것보다 먼저 개에게 억제제 냄새에 대한 불쾌한 기억을 만들어주는 것이 효과적이다.
- 처음 억제제를 사용할 때는 티슈나 면봉에 소량을 바른 후 부드럽게 당신의 개의 입에 살짝 닿게 하여 맛을 보게 한다. 개는 그 맛을 불쾌하게 여겨 침을 흘리거나 재채기를 할 것이다.
- 이것은 개로 하여금 억제제 냄새와 맛에 매우 안 좋은 기억을 심어주게 되어 맛과 냄새의 연관성을 배우게 하는 것이다. 그러면, 그와 비슷한 냄새를 풍기는 물건들을 대할 때 굳이 맛을 보거나 씹지 않아도 냄새만으로 아예 다가가지 않거나 씹지 않을 가능성이 훨씬 더 커진다.
- 개에게 억제제 냄새와 맛의 연관성을 심어주는 또 다른 이유는 개에게 씹어도 되는 물건과 씹으면 안 되는 물건을 확실하게 알려주기 위해서이다. 지금 이 순간에도 상당수의 많은 반려견들이 주인의 잠깐 한눈판 사이 먹지 말아야 할 것을 씹어먹다가 목숨을 잃고 있다.
- 억제제의 사용이 꺼려진다면 매운맛이 나는 고추나 개가 싫어하는 식초 같은 식품을 이용하는 것도 좋다.

씹는 행동을 억제할 수 있는 약품이나 음식물

(5) 긍정적으로 충분하게 에너지를 풀어주어라.

- 산책이든 여행이든 무엇이든 좋다. 개가 정상적이고 긍정적으로 자신의 에너지를 풀수 있는 활동을 하게 해주는 것이 좋다.
- 매일 규칙적인 운동도 좋고, 함께 어울릴 수 있는 친구를 만들어주어 함께 어울리며 뛰어놀게 해주는 것도 좋다.
- 훈련이나 도그 스포츠 역시 매우 많은 열량이 소모되는 활동이므로 긍정적으로 에너지를 사용할 수 있는 활동이다.
- 긍정적인 활동으로 충분히 에너지를 사용하고 집에 돌아오면 개는 무엇인가를 씹기보다는 편히 쉬고 싶을 것이다.

씹는 행동을 예방할 수 있는 다양한 활동들

3. 사례분석

1) 다양한 사례 엿보기

(1) 사례1– 럭키걸 이야기

럭키걸이 씹기 좋아하는 물건들

- 견종: 잉글리시불도그
- 견명: 럭키걸
- 성별: 암
- 나이: 8세(당시 1세)
- 거주: 실내생활
- 특이사항: 주로 양말, 이불, 옷, 스타킹 등 천으로 된 소재에 집착하며 핥거나 씹는 행동을 함. 천을 옷장에 감추어도 옷장 문을 열고 천 소재의 물건을 찾아내서 핥거나 씹는 것이 특징
- 원인분석: 천이나 이불에 대한 지나친 집착으로 미루어보아 너무 일찍 모견과 분리되어 정상적인 애착이 형성되지 않아 부드러운 털과 비슷한 감촉인 천에 애착을 보이는 것으로 추정

(2) 사례2– 뿌까 이야기

뿌까가 씹거나 파괴하는 물건들

- 견종: 베들링턴테리어
- 견명: (이)뿌까
- 성별: 암
- 나이: 3세(당시 1세 미만)
- 거주: 실내생활
- 특이사항: 침대, 이불, 신발, 핸드

폰, 나무, 방석, 빗, 벽지, 심지어 시멘트까지 씹어버리고, 삼키는 등의 행동을 함

- 원인분석: 함께 사는 개들과는 사이가 좋은 편이라 다두사육으로 인한 스트레스성은 아니고, 보호자가 자리를 비웠을 때만 저런 행동을 취한다고 하니 분리불안형 행동표현으로 추측

(3) 사례3– 백구 이야기

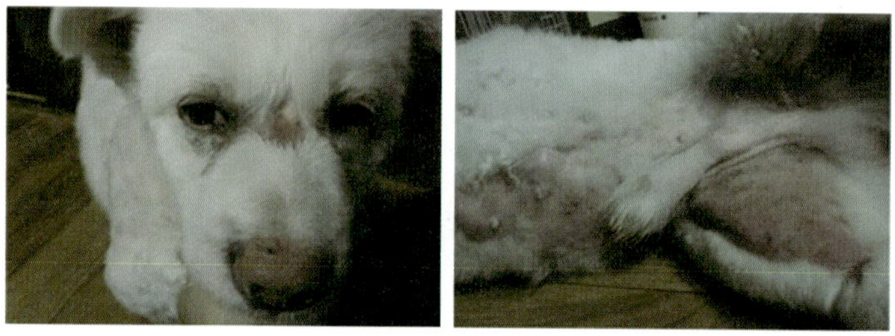

각종 피부병으로 탈모가 진행중인 백구

- 견종: 믹스
- 견명: 백구
- 성별: 수
- 나이: 당시 4세
- 거주: 실내생활
- 특이사항: 심한 피부병을 앓았던 백구는 예민하고, 사회성이 부족하여 주인 외의 타인 및 타견과 어울리지 못하는 문제가 심각. 평상시에 어떤 것도 씹거나 물은 적이 없음. 그러나 사건 당일에는 전기선을 씹어먹고 장폐색으로 사망하게 된 특이 케이스
- 원인분석: 평소에 전혀 씹는 행동을 보이지 않는 개라도 안심할 수 없다는 것을 보여주는 사례

(4) 사례4– 엘리 이야기

- 견종: 아메리칸 불도그
- 견명: 엘리
- 성별: 암

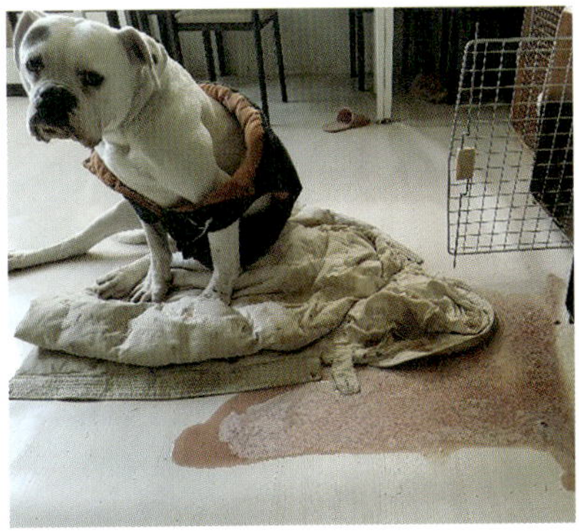

혈뇨를 하며 이상상태를 알린 엘리

- 나이: 당시 2세
- 거주: 실내생활
- 특이사항: 특별히 선호하는 물건은 없으나 장난감, 공, 터그 등을 가지고 노는 것을 좋아함. 사건 당일 눈이 많이 오는 추운 날이라 산책과 야외놀이를 생략한 후, 견사 안에 방석을 깔아주고 쉬게 함. 발견 당시 기운이 없고, 시무룩하며 혈뇨를 하여 병원으로 옮겨 엑스레이 촬영을 하였으나 이상을 발견하지 못함. 대형병원으로 옮겨 초음파 및 기타 검진을 해보니 엑스레이상으로 발견되지 못한 이물질이 장내 막혀있어 급하게 수술로 제거함
- 원인분석: 수술 후 제거된 이물질을 확인해본 결과, 바로 포근히 쉬라고 깔아놓은 방석이었음. 날씨로 인해 평소 하던 산책과 놀이를 생략하고 오랜 시간 견사에 있자 무료함에 방석을 씹고 노는 행동을 하였을 것이라 추측

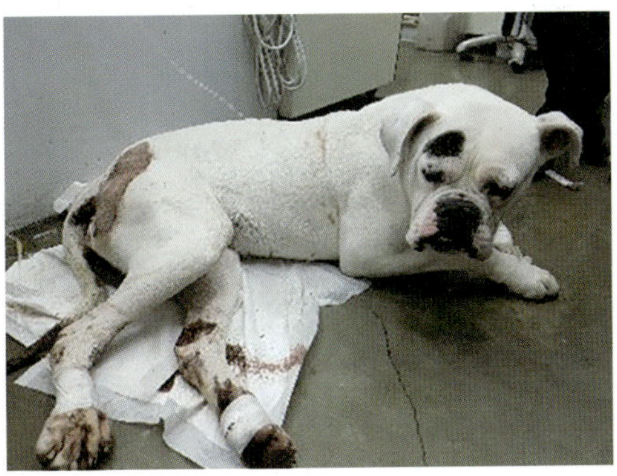

수술 후 마취가 풀리고 있는 상태

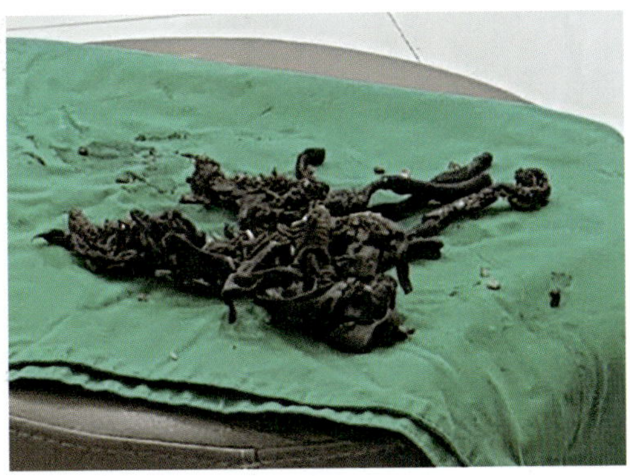

수술 중 발견된 이물질

2) 사례의 행동수정방법과 환경개선방법

(1) 사례1– 럭키걸의 개선방법

개선방법:

- 안정적인 애착이 형성되지 않아 불안이 많고, 천에 집착을 보였던 럭키걸에게 친구를 만들어주어 애착의 대상을 천에서 동물로 바꾸어줌
- 씹는 행동보다 자연에서 뒹굴며 긍정적인 에너지를 발산하게 하기 위해 야외 놀이 프로그램을 많이 도입함
- 불안기질에 대한 안정감을 높이기 위해 캔넬이라는 공간을 자신의 안전기지로 여겨지도록 캔넬교육을 실시함
- 기본적인 복종훈련을 추가하여 일상생활에 의욕과 활력을 더함

풍부화시키기

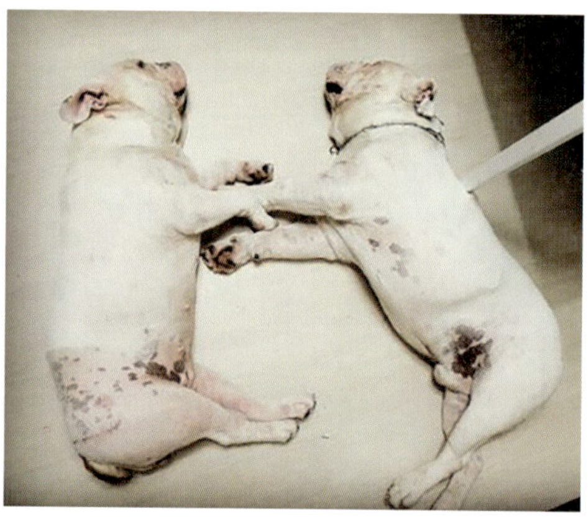

함께 어울릴 수 있는 친구 만들어주기

환경풍부화로 긍정적인 에너지 발산

캔넬 교육으로 안전한 공간 확보하기	복종훈련을 병행하여 지시에 대한 복종능력 향상

(2) 사례2– 뿌까의 개선방법

개선방법:

- 뿌까는 중성화수술 후 파괴적인 행동이 개선된 특이한 케이스로 특별한 교육이나 훈련을 진행하지 않음. 중성화수술로 인한 호르몬의 변화가 행동학적으로 영향을 미쳤다고 추측함

중성화 수술로 수컷에게 일어날 수 있는 변화

1. 마킹: 여기저기 소변으로 영역을 표시하려는 행동이 감소할 수 있다.
2. 마운팅: 개나 사람 혹은 인형에 올라타는 행동이 감소할 수 있다.
3. 공격성: 테스토스테론 수치가 낮아짐에 따라 영역을 지키거나 다른 수컷에게 민감해 공격하려는 행동이 감소할 수 있다.
4. 발정기 암컷: 주변에 발정기 암컷이 있으면 낑낑대거나 찾아가려고 뛰쳐나가는 행동이 감소할 수 있다.

* 위와 같은 변화는 성(性)성숙이 일어나기 전에 중성화 수술을 해야 나타난다.

- 추측 1
  - 중성화 수술로 인한 행동변화
- 추측 2
  - 연령이 들어감에 따라 성숙해진 태도로 인한 행동변화

(3) 사례3– 백구의 개선방법

개선방법:

- 백구는 특별히 씹는 행동에 대한 문제점은 없지만 사회성이 부족하여 모든 대상에게 경계심을 보였고, 만성화된 피부질환으로 인해 스트레스가 많아 사람과의 접촉도 싫어했기 때문에 일단 사회성 교육에 초점을 두어 진행
- 매인 규칙적인 운동을 진행했으며 틈틈이 복종훈련을 실시함
- 타견에 대한 예민함을 완화하기 위해 순한 개체를 찾아 친구를 만들어주어 함께 어울리게 함
- 약 2개월 후 성격이 활발해지고, 사회성도 좋아졌으며, 무엇보다 피부가 좋아지고, 털이 새롭게 자라기 시작함
- 약 6개월 후 늘 지내던 방의 전기선을 씹어먹은 후 장폐색으로 사망하게 됨. 전혀 씹는 행동이 보이지 않았던 개체도 언제든 그런 행동이 발현될 수 있음을 보여주는 사례로 주인이나 관리자는 개 주변의 환경 및 시설을 더욱 철저히 관리하고, 위험할 수 있는 물건은 사전에 차단해놓아야 한다는 것을 시사함

규칙적인 교육과 분리불안 해소

규칙적인 운동과 훈련

잘 어울리는 친구 만들어주기

(4) 사례4– 엘리의 개선방법

- 엘리의 사고 원인은 넘치는 에너지를 해소를 하지 못한 스트레스와 장시간 혼자 있는 무료함으로 인해 씹는 행동이 발현된 것임
- 규칙적인 산책과 활동적인 야외 활동을 실시하여 긍정적으로 에너지를 방출하게 하고, 스트레스를 해소시켜줌

규칙적인 산책과 야외 활동 늘리기

학습정리

- 씹는 행동은 개에게 매우 정상적인 행동으로 성장하는 과정 중의 모든 강아지는 아무것이나 씹으려는 행동을 나타낸다.
- 씹는 행동에 대해 과한 체벌이나 빈번한 꾸짖음은 오히려 사태를 악화시킬 수 있고, 이미 일어난 일에 대한 때늦은 벌은 교육적으로 아무런 교훈을 주지도 못하면서 동물을 학대하는 것과 마찬가지이다.
- 씹는 행동을 예방하고 싶다면 평소 보호자는 산책, 운동, 야외활동, 훈련, 도그스포츠 등을 통해 충분히 움직여서 에너지를 발산하도록 기회를 주는 것이 좋다.

1. 다음 중 개가 무엇인가를 씹는 원인으로 보기 어려운 것을 고르시오.

① 이갈이 시기의 통증을 완화시키기 위해서
② 혼자 있는 시간 동안 무료함을 달래기 위해서
③ 일종의 마킹(marking) 형태로 자신의 냄새를 물건에 묻히기 위해서
④ 어미와 일찍 떨어져 어미 품에 대한 그리움과 불안을 해소하기 위해서

2. 씹는 행동을 예방하기 위한 주인의 태도로 옳지 않은 것을 고르시오.

① 모든 개는 씹는 것이 당연한 것이라 마음먹어야 한다.
② 아직 씹는 행동이 나타나지 않더라도 미리 교육을 시켜 예방한다.
③ 엄한 벌이나 빈번한 벌은 효과도 없고, 오히려 사태를 악화시킬 뿐이다.
④ 씹는 동안에 갑자기 벌을 주어 놀라게 하는 것보다 씹고 나서 개가 안정을 찾으면 그 때 훈육차원의 교육을 진행하는 것이 효율적이다.

3. 씹는 행동을 방지하는 교육방법으로 옳지 않을 것을 고르시오

① 함정트레이닝 실시하기
② 혐오하는 감각자극을 사용하기
③ 캔넬이나 크레이트 훈련 배제하기
④ 정적강화와 부적처벌의 훈련방법 응용하기

4. 씹는 행동을 예방하기 위해서 사전에 긍정적으로 에너지를 발산하기 위해서 실시하는 방법으로 가장 올바른 것을 고르시오.

① 자연의 소리를 들려준다.
② 후각활동을 할 수 있도록 냄새가 많은 곳으로 안내한다.
③ 씹을 수 있는 장난감과 먹이 등을 매일 자주 급여한다
④ 규칙적으로 산책을 시키고, 다른 개들과 어울리며 뛰어놀 수 있게 해주고, 자연의 환경을 느낄 수 있도록 기회를 준다.

5. 파괴적인 추잉행동의 예방방법으로 적합하지 않은 것을 고르시오.

① 발견 즉시 문제되는 물건으로부터 분리시킨다.

② 외출 전 위험한 물건을 개가 발견하지 못하는 곳에 잘 두도록 한다.

③ 둔감화 교육을 실시하여 씹는 물건이 주변에 있어도 민감한 반응을 보이지 않고, 인내심을 발휘하도록 훈련한다.

④ 무료함을 느끼기 전에 행동적, 환경적 풍부화를 충분히 제공하여 주어서 다른 위험한 물건에 대한 호기심을 돌리도록 한다.

1. ③ 2. ④ 3. ③ 4. ④ 5. ③

10장
문제행동분석 - Fighting(싸우는 행동)

학습목표

1. 공격성을 드러내며 싸우려는 개들의 특징과 원인을 이해하고 설명할 수 있다.
2. 개들의 사회 조직에 대해 이해하고 설명할 수 있다.
3. 사회화 교육과 싸움의 상관관계에 대해 설명할 수 있다.
4. 개들이 싸움이 일어났을 때 재빨리 대처하는 방법과 싸움이 벌어진 후에 처리해야 할 일을 설명할 수 있다.

1. 다른 개들과 싸우는 행동 – Fighting

개들은 왜 싸울까? 이렇게 질문을 한다면 많은 사람들로부터 이런 단어들이 나오곤 한다. '서열, 수컷, 본능, 영역, 공격성, 사회성 부족, 무리, 순위, 우위'와 같은 단어들이다. 물론, 위와 같이 다양한 이유와 원인으로 싸울 수 있다. 하지만 안정된 무리 속의 개들은 그들끼리 싸우는 경우가 거의 없다. 즉 개들의 사회적 조화를 위한 열쇠는 무리의 안정성이다. 무리가 안정되었다는 의미는 장소나 자원에 대한 소유권이 이미 정해져 있다는 뜻이다. 그 무리 안에서 상대적 지위에 따라 이미 소유권이 정해져 있기 때문에 싸울 필요가 없는 것이다. 또한 순위 역시 이미 정해져 있기 때문에 굳이 불필요한 싸움을 할 필요가 없다. 그럼 언제 싸우게 되는 것일까? 정해져 있지 않으면 곧 싸움이 된다. 즉, 정하기 위해서 싸우게 되는 것이다. 영역을 차지하기 위해 싸우고, 먹이를 쟁탈하기 위해 싸우고, 주인을 독차지하기 위해 싸우고, 자신의 서열과 위치를 확실하게 정하기 위해 싸우는 것이다.

1) 싸움이 발생하는 가장 큰 요인

(1) 사회성 부족

- 이른 시기에 분양받은 가정견은 모견이나 동배견으로부터 너무 일찍 떨어지기 때문에 안정된 사회적 관계를 습득할 수 있는 기회가 훨씬 부족하다. 이런 강아지는 다른 개와의 상호작용에 필요한 사교 방법을 배울 기회가 없을 뿐 아니라 다른 개들과 노는 방법조차 서툴다.
- 사회화가 덜 된 개는 새로운 대상을 접할때면 늘 긴장하기 때문에 비사회적인 행동이나 반사회적인 행동을 하게 된다.
- 일단, 개가 반사회적으로 행동으로 인한 방어적인 공격태도를 보이게 되면 주인은

다른 개들과의 만남을 피하게 되고, 다른 개체와의 상호작용이 점점 줄어들어 개의 사회성은 더욱 퇴화되기 마련이다.

- 사회성이 부족한 개들이 가장 스트레스를 받는 상황은 낯선 사람이나 동물을 만났을 때이다. 이렇게 두려움으로 인한 스트레스는 공격성으로 쉽게 변할 수 있다.

(2) 주인의 무지

- 자주 산책하지 않거나 새로운 대상을 만날 기회가 없는 개들은 사회성이 떨어지며 새로운 개체를 만나면 반응이 돌발적일 수밖에 없다.
- 겁쟁이 개가 방어적인 공격행동을 취할 때, 주인이 개를 달래거나 들어 올리게 되면, 그런 공격적인 행동에 보상을 주는 격이 되어 오히려 개의 공격적인 성향이 더욱 강화될 수 있다.
- 낯선 개들끼리의 만남에서는 주인이 싸움의 원인이 되기 쉽다. 특히, 다른 동물을 만날 때 허세를 부리며 싸우려는 개를 재미 삼아 부추기는 행동이나 태도를 취하는 주인도 있다. 하지만 이러한 태도는 개의 공격성을 더욱 강화시키는 격이 된다.
- 여러 마리 함께 기르는 집에서 개들끼리 싸울 경우, 주인을 두고 서로 주인을 소유하기 위해 다투게 되는 상황도 발생한다. 다두사육을 하는 주인은 리더의 역할을 제대로 하여 개체들끼리 불필요한 쟁탈전이 발생하지 않도록 중심을 잡는 역할이 필요하다.

2) 개들의 사회조직

(1) 개들의 사회조직은 늑대와 다르다.

- 무리의 안전성: 잘 안정된 개의 무리에서는 개들끼리 싸우는 경우를 거의 볼 수 없다.
- 우위계층제: 개들의 사회 시스템은 순위제로 무리 전체의 순위가 형성되어 있고,

그 순위는 상황에 따라 시시각각 변할 수 있다.

- 무리의 복잡성: 개는 늑대가 아니다. 개들의 안정된 사회 조직은 늑대와는 기본적으로 다를 수 있고, 그 무리의 관계는 복잡하며 변화무쌍하다.
- 순위의 변동성: 개들의 무리 안에서 순위가 변동되는 것은 주인, 성장 환경, 건강 상태, 주변 환경에서 비롯된다.

한 쌍의 암수　　새끼 강아지들

(2) 생후 1~2주의 강아지들의 사회 구조

- 강아지들이 생후 1~2주가 되면, 한배의 형제들 사이에서도 개체 간의 차이가 나타나기 시작하여 크기가 작거나 미숙한 개체가 드러나게 된다. 이 시기의 개체의 크기와 체력은 순위와 계층을 결정하는 중요한 요인으로 작용한다.
- 크기가 크고, 체중이 많이 나가는 강아지는 빈 젖꼭지를 찾기도 하지만, 이미 먹고 있는 다른 강아지를 밀어젖히고 그 젖을 차지하려는 경향이 강해서 점점 젖이 잘 나오는 젖꼭지를 차지하기 때문에 더욱 크기가 커지며 힘도 세질 수밖에 없다.

(3) 생후 4주의 강아지들의 사회 구조

- 동배 자식들의 사회적 관계는 신체의 크기나 기질에 따라서 결정되며 최상위 개와

최하위 개의 지위는 금방 확실하게 나타난다.

- 최상위 강아지는 그 지위를 확고하게 유지하고자 하고, 최하위 강아지도 누구인지 명백해진다. 이렇게 순위가 정해진 강아지들은 자신의 사회적 지위를 잘 알고 있어 싸움을 할 일이 거의 없다.
- 중간층 강아지들은 자신보다 우위인지 열위인지 구별할 수 있을 때까지 싸움이 지속될 수 있다. 중간층의 강아지는 자신의 위치가 정해질 때까지 몇 주가 걸릴 수 있다.

(4) 생후 8~10주의 강아지들의 사회 구조

- 동배 강아지들의 사회적 계층은 일반적으로 생후 8~10주쯤이면 거의 결정된다.
- 강아지들의 순위는 개체의 크기 및 기질과 밀접하게 연관이 있다.
- 보통, 수컷은 암컷보다 순위가 높은 경우가 많은데, 이는 체중과 행동에 의한 성별 차이에서 기인한 것으로 종종 최상위 개체가 암컷인 경우도 있다.

(5) 동배가 아닌 경우의 사회 구조

- 보통, 개월 수가 높은 강아지가 상위의 순위를 차지하게 되는데 이는 체중이나 크기 때문이다.
- 성견의 그룹에서 성장하는 강아지들에게 사회 조직은 더욱 복잡하고, 순위는 연령 및 성별과 밀접하게 관련되어 진다.
- 까다로운 노령견은 강아지가 너무 가까이 다가가 장난을 치면 회피하거나 으르렁거리기도 하지만 대부분의 성견은 갓 태어난 강아지들에게는 '특권'을 허용하여 공격하지 않고, 봐주는 편이다.
- 반면, 강아지가 성장해가서 커지게 되면 강아지에게 베풀었던 이러한 관용은 점차 사라지게 된다. 특히 청년기가 되어가면 수컷의 성견은 젊은 수컷을 주시하게 된다.

• 수컷 강아지가 생후 5~6개월이 될 무렵에는 정소에서 분비되는 남성호르몬인 테스토스테론의 혈중농도가 성견 수컷의 5배 정도가 되기 때문에 성견 수컷은 '울트라 수컷'에게 쉼 없이 경고를 주며 젊은 수컷을 경계한다.

3) 싸움을 하려는 개들의 특징

(1) 싸움을 예측하는 데 필요한 요인

① 성별

• 개들 싸움의 90% 이상은 수컷끼리의 싸움이다. 수컷은 생후 6개월부터 2~3세가 될 때까지 빈번하게 싸움을 일으킨다.

② 연령

• 성성숙기에 도달한 젊은 수컷은 끊임없이 모험하며, 다른 개에게 도전하려는 충동이 강해진다.

③ 사회적 순위

• 최상위 계층의 개는 차분하고, 싸움도 거의 하지 않는 편이며, 필요할 때는 날카로운 경고로 상황을 정리한다.
• 순위가 불분명한 중위층의 개는 상당히 긴 위협적인 과시행동을 하며 순위 쟁탈전을 자주 일으킨다.

(2) 개들의 싸움을 파악하는 중요 포인트

• 싸우는 원인과 계기를 먼저 분석하도록 한다.
• 싸우는 행동이 일어나기 전후의 행동을 반드시 주의 깊게 관찰하도록 한다.
• 싸우는 개체들의 환경적 요인 및 주인과의 관계 등도 빠짐없이 관찰하도록 한다.

2. 싸움을 예방하는 방법

1) 강아지 시기의 사전 교육

(1) 사회화 교육

- 사회화 교육은 싸우는 행동뿐만 아니라 대부분의 문제행동을 예방하는 중요한 역할을 한다.
- 보호자는 사회화 교육 외에도 강아지와 정기적으로 애견훈련교실이나 아카데미에 참석하여 교육을 받기도 하고, 자신의 강아지에게 낯선 개와의 만남을 익숙해지는 기회를 만들어주어야 한다.
- 불안정한 성향의 개나 싸움을 놀이처럼 행하는 개의 문제행동을 완화시키기 위해서는 도그스포츠나 놀이와 같은 훈련을 하는 것이 도움이 될 수 있다. 재미있는 놀이는 개들의 스트레스를 해소시켜주는 배출구 역할을 하기 때문이다.

(2) 놀이그룹 형성

- 놀이그룹을 만들어서 정기적으로 다른 개들과 만나게 해주고, 함께 교육을 받거나 산책하는 기회를 제공한다.
- 초반에는 놀이그룹 안의 강아지들과 친해지게 하는 등 점차 사회성이 좋아진 후에 애견놀이터나 공원 등에 데리고 가는 것이 안전하고, 강아지도 자신감을 되찾을 수 있다.

(3) 올바른 행동 강화

- 가장 좋은 교육방법은 잘못을 꾸짖는 것보다 잘한 행동을 칭찬하고 보상하는 것이 훨씬 더 효과적이다.

- 다른 개와의 만남에서 우호적으로 인사할 때마다 칭찬해준다.
- 강아지나 다른 개체에게 인사를 하거나 냄새를 맡는 등의 친화적인 행동을 하면, 바로 칭찬해주면서 그러한 친화 행동을 강화시키도록 한다.

(4) 역조건부 훈련 실시

- 위급한 상황에서 앉거나 엎드리게 하고, '기다려'를 지시한다.
- 만일, 싸우려고 달려들다가도 주인의 명령에 앉아서 기다린다면, '주인의 명령을 잘 따른 행동'과 '싸움을 하지 않은 행동'의 두 가지 학습효과를 얻을 수 있다.

(5) 역조건부 훈련의 장점

- '앉아'+'기다려'는 질책이 아니라 훈련이기에 주인과 반려견의 관계가 무너지지 않는다.
- 앉거나 엎드려서 기다리는 자세는 개의 흥분을 가라앉힌다.
- 이 자세는 상대방을 진정시키고 위협하지 않는다는 시그널이다.

2) 주인이 준수해야 할 주의사항

(1) 싸움 금지의 원칙 세우기

- 만일, 자신의 개가 다른 개를 만났을 때 공격성이 있다면 그 상황에 잘 대처할 수 있도록 미리 마음의 준비를 하고, 예행연습을 하는 것이 필요하다.
- 싸우고 있는 개를 말리는 것보다 싸우려는 행동을 미리 예방하는 것이 훨씬 더 수월하다.

(2) 공공장소에서 준수해야 할 사항 정하기

- 공공장소에 출입하는 개들에게는 싸움 금지 원칙을 확실히 지키도록 가르칠 필요가 있다.
- 싸움을 하면 어느 쪽이 먼저 시작했는지 관계없이 즉시 혼난다는 것을 개에게 가르쳐야 한다.

(3) 공공장소에서 싸움을 금지하는 법

- 공공장소에서 싸움이 시작될 기미가 보이면 즉시 꾸짖어야 하며, 아예 싸움을 멈출 때까지 계속해서 훈계해야 한다.
- 싸움이 멈추고 나면, 싸움하기 전에 어떤 놀이를 하였던 즉시 그 행동을 중지해야 한다. 만일 산책을 하는 중이었다면 즉시 귀가하고, 놀이 중이었다면 즉시 놀이를 중단해야 하며, 자유롭게 뛰어다녔다면 즉시 줄을 매도록 한다.
- 확실히 구분 지어서 이해시켜야 할 것은 다른 개와 만나거나 상대 개의 냄새를 맡으면 혼나는 것이 아니라 상대 개를 만났을 때 심술 맞은 행동이나 싸움을 하면 혼이 난다는 것이다.

- 이 중요한 차이를 개에게 알게 하기 위해서는 개의 우호적인 모든 행동에 반드시 칭찬을 해주어야 한다.

(4) 여러 마리 개를 기를 때 주의사항

- 보통 한 마리를 키울때보다 다두사육을 하는 경우 싸움을 발생할 가능성이 높아진다. 이때 주인이 약한 개체의 편을 들어주는 것은 좋지 않다. 순위를 위한 쟁탈전은 순위가 결정되기 전까지 지속적으로 일어나기 때문에 부적절한 주인의 참견은 순위를 결정하는데 오히려 방해요인이 될 수 있다.
- 심각한 부상을 입을 정도로 싸울 수 있는 개들은 차라리 공간을 분리해주어 서로에게 불필요한 신경전을 하지 않게끔 한다.
- 다두사육을 할 경우, 조기교육이 중요한데 강아지 때부터 '싸움 금지의 원칙'을 세워서 싸움이 일어날 때마다 즉시 양쪽을 꾸짖어 두 번 다시 싸울 마음이 들지 않게 하는 것이 좋다.
- 이때 절대 한 쪽 편을 들거나 편애해서는 안 되며 주인은 개에게 '싸우는 상황이 상당히 싫다'는 메시지를 양쪽의 개들에게 정확하게 표현해야 한다.
- 간혹, 주인이 간식이나 장난감을 가지고 경쟁을 부추기는 경우가 있는데, 특별한 간식을 주고 싶다면 한 마리씩 따로 주거나, 공평하게 나누어서 주는 것이 좋다.

3. 개싸움이 발생했을 때 대처요령

1) 극단적인 상황에서 개싸움을 말리는 방법

(1) 개싸움에 말리기 전 위험요소 점검하기

- 개싸움을 목격하게 되면 우선 위험요소를 점검해야 한다. 주변에 어린이나 노인 등

취약계층이 있으면 먼저 대피시키도록 한다.

- 싸움에 가담할 수도 있는 다른 개들도 분리해야 한다.
- 싸움을 말릴 때에는 개들이 흥분상태라 말리는 사람이 물릴 수 있다는 것을 미리 고려해야 한다.
- 조용한 싸움이 시끄러운 싸움보다 훨씬 격렬해지는 경우가 많다. 만일, 개들이 묵묵히 싸우고 있다면, 그들은 심각한 피해를 입히거나 목숨을 걸고 싸우고 있을 가능성이 크다.

(2) 큰 소리 자극으로 싸움을 중단시키기

- 아주 큰 소리 자극은 개의 주위를 잠시 분산시킬 수 있다.
- 크게 소리를 지르거나, 벽을 때리거나, 쇠나 철 등의 물건을 내던지는 등 큰 소리를 내어 개를 놀라게하는 것이 포인트이다. 싸움을 하는 개는 온 신경이 싸움에 가있기 때문에 주변의 말리는 소리를 들을 겨를이 없기 때문에 매우 큰 소리가 나야 비로소 주변을 의식할 수 있다. 이렇게 시선이 분산될 때 바로 두 마리를 떼어놓도록 한다.

(3) 물, 스프레이 사용하기

- 큰 소리가 효과가 없다면 물 호스를 사용하는 방법도 효과적이다.
- 강력한 물 분사는 개들의 싸움을 잠시라도 멈출 수 있게 할 수 있다.
- 물이나 스프레이를 사용하여 개들을 놀라게 하는 것은 때때로 싸움을 멈추게 할 수 있다.

(4) 물건이나 천으로 둘 사이를 분리시키기

- 큰 천이나 옷으로 개들의 시야를 가로막아 분리시키도록 한다. 쿠션이나 큰 물건

등을 싸우는 개들 사이에 넣어 떼어놓을 수도 있다.

- 싸움을 말리려고 손을 사용하게 되면 흥분한 개에게 물릴 수 있으니 가능한 자신의 몸을 위험에 빠뜨리지 않으면서 물리적으로 개를 분리하는 것이 좋다.

(5) 물리적 · 공간적으로 분리시키기

- 사람이 직접 양쪽의 개들을 떼어놓으려면 잡은 손이나 팔등이 물리지 않도록 주의해야 한다. 싸우고 있는 개들의 목덜미를 잡으면 사람의 손이나 팔등을 물릴 경우가 많아진다. 가능한 양쪽 개들의 뒷다리를 동시에 잡고, 뒷다리를 들어 올리면서 분리시키면 개한테 물릴 가능성이 덜하다.
- 일단 개들을 분리하면, 더이상 싸움터로 달려들지 못하도록 서로 반대 방향으로 멀어지는 것이 좋고, 분리된 개들은 서로 눈에 띄지 않게 해야 한다. 그들은 서로 만나면 다시 싸우기 시작할지도 모르기 때문이다.
- 따로 분리된 개를 가능한 캔넬에 넣거나 차에 빨리 태우도록 하고, 이러한 공간이 없다면 리드줄로 고정하여 한 곳에 묶어두어 흥분을 가라앉히게 한다.

2) 개싸움 후에 해야 할 일

- 싸움이 멈춘 후 먼저 할 일은 개들이 서로 멀리 떨어져 있게 하는 것이다.
- 목줄이나 하네스를 제대로 착용하고 있는지 확인하고, 조용한 곳에세 개를 진정시킨 후 다친 부위가 있는지 확인하도록 한다.
- 상처나 부상이 있다면 바로 동물병원으로 데려가도록 한다.

3) 싸움을 하는 개의 재활 훈련

(1) 다시 사회성 훈련을 하도록 한다.

- 비사교적이고 반사회적인 성견을 사회화시키는 것은 대단히 오랜 시간이 걸리고 어려운 과정이다.
- 처음부터 여러 마리와 친해지기란 어렵다. 우선, 한 마리의 친구를 만들어주는데 이때 친구가 될 개체의 성별은 반대로 하는 것이 좋다. 이성 간에 싸움이 일어날 확률은 훨씬 적기 때문이다.
- 한 마리의 친구가 생기면 또 다른 개체와 어울리게 하며 점차 어울리는 친구의 마릿수를 조금씩 늘려가도록 한다.

(2) 복종훈련을 철저히 시킨다.

- 복종이 잘 된 개들은 싸움이 크게 번질 가능성이 낮다. 복종훈련이 잘 되어있다면, 개가 싸우려는 마음이 들더라도 주인의 명령에 바로 싸움을 멈추고, 기다릴 수 있는 훈련이 되어있기 때문이다.
- 위급한 상황에서 주인의 명령에 자신의 본능과 욕구를 내려놓고, 주인의 말에 복종하려면 평소 복종훈련이 매우 잘 되어있어야 가능하다.

(3) 중성화를 시킨다.

- 중성화를 한 수컷은 중성화하지 않은 수컷에 비해 다른 수컷에게 보이는 위협적인 과시행동이 50% 이상 감소한다.

(4) 부적절한 행동을 하면 꾸짖는다.

- 다른 개에게 거칠게 행동하던지 싸움을 일으키는 신호가 나타나면 반드시 싸움을 금지한다는 것을 명확하게 알려주어야 한다.

학습정리

- 사회성 부족은 개들이 싸우는 큰 원인이 될 수 있다.
- 주인의 무지로 인해 실수는 개들의 싸움을 더욱 강화한다.
- 싸움 금지의 원칙을 철저히 지키도록 평소에 틈틈이 훈련을 반복해야 한다.
- 여러 마리 개를 함께 기를 때는 싸움이 습관 되지 않도록 더욱 신경 쓰도록 한다.

1. 싸움을 하는 개의 재활 훈련으로 옳지 않은 것을 고르시오.

① 다시 사회성 훈련을 시키도록 한다.
② 역조건부 교육을 실시하도록 복종훈련을 철저히 시키도록 한다.
③ 개가 싸움을 하려고 할 때는 부드럽게 타일러 다독이도록 한다.
④ 부적절한 행동을 하면 꾸짖고, 개싸움을 중지시키도록 한다.

2. 맹렬하게 싸움이 일어난 후에 주인이 먼저 해야 할 일로 거리가 먼 것을 고르시오.

① 일단, 개들이 서로 멀리 떨어져 있게 한다.
② 싸우는 개를 분리시킨 후 진정되면 다시 만나게 하여 사회화 교육을 진행한다.
③ 싸우는 개로부터 멀리 떨어진 곳에 데려가서 개의 흥분을 가라앉히고, 진정시키도록 한다.
④ 상처나 부상이 있다면 바로 동물병원으로 데려가도록 한다.

3. 극단적인 상황에서 개들의 싸움을 말리는 방법으로 옳지 않은 것을 고르시오.

① 싸움을 말리기 전 주변에 어린이나 취약계층이 있는지 확인하고 대피시키도록 한다.
② 더 큰 싸움이 나지 않도록 개와 개 사이에 끼어들어 손으로 막으며 서로 달라붙지 못하게 막는다.
③ 큰 소리를 내서 싸우는 개들의 주의를 돌린 후 재빨리 떼어낸다.
④ 물을 뿌려 개들의 주의를 돌린 후 재빨리 떼어낸다.

4. 여러 마리 개를 함께 기를 때 주의할 점으로 옳은 점을 고르시오

① 싸움이 일어나면 누구로 인해 문제가 발생했는지 지켜보도록 한다.
② 다두사육을 하는 주인은 항상 일관적이며 리더십 있게 행동해야 한다.
③ 싸움이 시작되면 약한 개체의 편을 들어주어 강한 개체가 공격하지 못하게 지켜준다.
④ 6개월 미만의 개들끼리의 싸움은 스스로 해결하도록 주인이 개입하지 않고, 순위가 정해질 때까지 일관적으로 관여하지 않는다.

5. 싸움을 예측하는 데 필요한 요인이 아닌 것을 고르시오.

① 성별　　② 연령
③ 사회적 순위　　④ 털 색

1. ③　2. ②　3. ②　4. ②　5. ④

11장
문제행동분석 – Barking(짖는 행동)

학습목표

1. 상황별로 개들이 짖는 이유와 그 원인에 대해 설명할 수 있다.
2. 짖는 소리와 짖는 방법을 분류하는 기준을 정할 수 있다.
3. 짖는 소리에 함축되어 있는 의미에 대해 해독할 수 있다.
4. 낯선 사람을 만날 때 올바르게 반응하는 방법을 훈련할 수 있다.

반려동물을 키우는 수많은 보호자들은 반려견의 문제행동 중 특히 짖는 문제로 골머리를 앓고 있다. 짖는 문제는 비단 보호자만의 불편함이 아니라 이웃이나 주변까지 피해를 주는 문제이기도 하다. 그렇다면 개가 짖는 이유는 무엇일까? 문제행동분석 과정을 통해 원인부터 해결방안까지 살펴보도록 하자.

1. 심하게 짖는 행동 - Barking

1) 개에게 짖음이란?

(1) 개에게 짖음은 소통의 방식이다.

• 개에게 짖음이란 누군가와 소통하기 위한 방법 중 하나이자 자신의 감정을 표현하는 수단으로 인간이 사용하는 말이나 글과 같은 기능을 한다.

• 개에게 짖음이란 매우 중요한 기능으로 예전에는 오히려 잘 짖지 못하는 개는 개로서의 가치가 떨어진다고 여겼다. 과거의 개의 역할은 누군가의 침입을 짖음을 통해 알려주어 외부로부터 가축이나 식량 및 주인을 지키는 역할을 했기 때문이다.

• 개에게 짖는 행동은 매우 자연스러운 정상행동이지만, 오늘날의 반려견은 사람과 함께 공동생활을 해야 하기 때문에 과도한 짖음은 가족이나 이웃에게 문제행동이 되기도 한다.

• 짖음은 그 자체로 다양한 의미를 함축하고 있기 때문에 짖는 행동을 교정하기 전, 먼저 짖는 원인과 짖게 만드는 촉발요인을 분석해야 한다.

• 짖음의 종류와 강도는 각 상황에 따라 달라질 수 있다.

• 만약, 개가 짖을 때마다 반복적으로 강화물(주인의 관심, 목소리, 잔소리, 눈 마주침 등)이 주어진다면, 개는 곧 짖음을 유리하게 사용하는 법을 터득하게 될 것이다.

(2) 짖음의 이유를 알아내도록 하라.

• 개를 키운 경험이 많은 사람들은 짖는 소리만 들어도 개가 짖는 이유를 유추해낼 능력이 있다. (예: 낯선 사람이 왔을 때, 놀고 싶을 때, 목이 마를 때, 당신이 돌아왔을 때)

• 짖음을 줄이고 싶다면, 짖는 이유를 알아내는 것이 중요하다.

• 불행히도, 대부분의 사람들은 빠른 시간 안에 개가 짖는 행동을 완전히 멈추길 기대한다. 사람은 갑자기 말을 멈출 수 있는가?

- 행동수정의 목표는 짖음을 없애는 것보다 짖음을 줄여나가는 것으로 정하는 것이 훨씬 현실적이다.
- 개에게 덜 짖게 하는 것을 가르치는 것 역시 오랜 시간이 걸리는 법이다.
- 견종 중 일부는 품종학적으로 다른 개들보다 짖는 경향이 강한 견종도 있다.

2) 개가 짖는 이유

(1) Alarm Barking(경보성 짖음)

- 때와 장소, 상황과 관계없이 모든 소음이나 시각적인 움직임에 반응하며 짖는다.
- 경비견들은 일반 반려견보다 보디랭귀지가 뻣뻣하며, 보통 짖을 때 1~2인치씩 앞으로 달려들며 위협적으로 짖는다.
- 영역성 짖음은 자기의 공간이나 영역을 지키기 위해서 짖는 반면, 경보성 짖음은 친숙한 지역을 방어할 때뿐만 아니라 어떤 장소에서도 짖을 수 있다는 점에서 구별된다.

(2) Attention-Seeking Barking(관심 추구형 짖음)

- 주인이나 좋아하는 사람의 관심이나 보상을 받기 위해 사람에게 짖는다.
- 놀이 중 관심이나 주목을 받기 위해 다른 동물에게 짖는다.

(3) Greeting Barking(인사성 짖음)

- 주인이 돌아왔을 때나 반가운 대상을 보면 반가움에 흥분하고, 꼬리를 흔들며 짖는다.
- 때로는 짖음과 동시에 우는 소리를 내기도 한다.

(4) Compulsive Barking(강박성 짖음)

- 불안으로 야기된 짖음으로 기록된 도표처럼 반복적으로 과도하게 짖는다.

- 이런 개들은 종종 반복적인 움직임과 함께 짖는다. (예: 앞뒤로 오락가락하며 짖는다, 빙글빙글 돌며 짖는다)

(5) Socially Facilitated Barking(사회적 모방형 짖음)

- 평소에 가만히 있다가도 다른 개의 짖는 소리가 들리면 바로 따라 짖는다. 개들에게 짖음은 가장 모방하기 쉬운 행동이다.
- 모방형 짖음은 반드시 함께 살지않더라도, 옆집이나 다른 곳에 떨어져 있어도 짖는 소리가 들리기만 하면 사회적 맥락에서 모방하며 따라 짖을 수 있다.

(6) Frustration-Induced Barking(좌절형 짖음)

- 오랜 시간 갇혀 있는 개나 한 곳에 오랫동안 묶여있는 개는 아무것도 할 수 없는 실망감과 좌절로 인해 과도하게 짖을 수 있다.

(7) Illness or Injury Barking(질병 또는 부상으로 인한 짖음)

- 개는 때때로 통증이나 고통스러운 상태에 놓이면 짖게 된다. (예: 만성적 피부병으로 인한 가려움, 내이염이나 중이염으로 인한 가려움, 관절 부위의 통증 등)
- 통증으로 인한 짖음은 행동수정을 하기 전, 수의사에게 검진을 받아 의학적으로 치료와 병행하는 것이 좋다.

(8) Separation-Anxiety Barking(분리불안형 짖음)

- 분리불안으로 인한 과도한 짖음은 자신이 집착하던 대상이 사라지거나 어딘가에 홀로 남겨진 경우 발생한다.
- 일반적으로 하울링, 상동행동, 파괴행동, 우울증과 같은 고통의 징후와 함께 나타나

기도 한다.

2. 짖는 행동의 문제점과 함축된 의미

1) 주인의 일반적인 실수

(1) 언제 관심이 더 필요할까?

- 평소에 개가 얌전할 때 주인은 관심을 두지 않다가 개가 시끄럽게 짖을 때만 주의를 준다면 개는 주인의 관심을 끌기 위해 짖게 된다.
- 사회적으로 고립된 생활을 강요당하는 개들은 특히 사람의 주의를 끌기 위해서 짖는 행동을 하는 경우가 많다.

(2) 부적절한 처벌은 효과가 없다.

- 개가 짖을 때마다 받게 되는 주인의 처벌이 반드시 불쾌한 것이라 단정 지을 수는 없다. 올바르지 못한 주인의 대처 방식은 오히려 개의 짖음을 유발한다.
- 간혹 짖는 개를 조용히 시키기 위해서 먹이를 뿌려주는 주인도 있다. 그렇게 되면 아무리 머리가 나쁜 개라도 '짖는 행동은 옳은 일이다'라고 학습될 수 있다.

(3) 주인이 무의식적으로 칭찬하고 있다.

- 대부분의 주인은 개가 짖지 않고, 얌전히 있을 때는 아무 관심을 갖지 않는다. 그러다 개가 짖게 되면 그때는 개를 쳐다보고, 다가가기도 하고, 가서 혼내기도 한다. 주인은 개의 짖음을 막으려고 한 행동이지만, 개의 입장에서는 주인의 시선과 관심이 칭찬이 되기도 한다.

(4) 부당한 벌을 주어서는 안 된다.

- 짖음을 멈추기 위해 전기충격기를 사용하는 것은 권장할만한 방법은 아니다. 충분히 고려하고 심사숙고하여야 한다.
- 전기충격기 중에는 불량품도 있고, 자동 전기충격장치는 다른 개가 짖어도 센서가 반응하는 등의 오작동으로 짖지않는 개에게 쇼크를 주는 경우도 있다.
- 아예 짖지 못하는 개는 개로서 의미가 없다. 개가 짖는 것은 저마다의 이유가 있고, 표현의 수단 중 하나일 뿐이다.
- 새의 지저귐을 멈추려고 새의 목에 전지충격기를 메는 사람이 없듯이 주인의 기분을 위해 개를 영원히 침묵시킬 수는 없다.
- 짖음을 완전이 멈추겠다는 목표는 효율적이지 않다. 차라리 짖음을 줄이던지, 짖는 행동 대신 다른 행동을 하게 하는 것이 현실적이다.

(5) 벌을 주기 전 먼저 가르쳐 주도록 하자.

- 짖을 때마다 벌을 준다면, 개는 바로 벌과 주인을 연결시켜 버린다.
- 주인이 있을 때 짖으면 안 되고, 주인이 없을 때는 짖어도 혼나지 않기 때문에 개는 주인의 부재를 노려서 마음껏 짖게 된다.
- 이처럼 짖을 때마다 벌을 준다면 주인이 부재중일 때마다 개가 짖게 되므로 한층 더 문제를 악화시켜 버린 셈이 된다.

(6) 처벌 역시 타이밍이 중요하다

- 주인의 기분에 따라 짖을 때 혼내기도 하고, 방관하기도 한다면 개는 매우 혼란스러울 수 있다. 일관적이지 않은 주인의 대응방식은 개를 더욱 짖게 만든다. 처벌은 주인의 기분이나 상황에 따라 내리는 것이 아니다.

- 경고를 먼저 주는 방법도 있다. 개가 심하게 짖을 때, 처음에는 '조용히'라고 경고를 하고, 그래도 짖는다면 벌을 주는 규칙을 정해 시작할 수 있다. 경고도 하지 않고, 개에게 갑자기 벌을 주는 것은 불공평하다. 개는 언제, 왜 벌을 받는지 모르기 때문에 벌을 피하기 위해서 적절한 행동을 취할 수 없게 된다.
- 사전 경고를 해주어 개가 짖음을 멈추면, 개는 벌을 피할 수 있을 뿐 아니라 보상받는 기회도 얻게 된다. 이와 반대로, 경고를 보냈는데 짖음을 멈추지 않는다면 벌을 받는다는 것을 학습하게 되므로 주인은 처벌을 통해 개의 짖는 행동을 감소시킬 수 있다.

2) 짖는 소리를 해석하는 방법

(1) 짖는 소리의 다양한 표현을 이해하라.

- 개는 주의를 끌거나, 영역을 지키거나, 인사하거나, 두려움 혹은 좌절감을 표현할 때 다양한 의사소통 방식으로 자신의 감정을 표현하려고 한다.

(2) 짖는 소리와 으르렁거림, 울부짖음을 구별하라.

- 짖는 소리, 으르렁거리는 소리, 울부짖는 소리를 구별하라. 개는 다양한 소리를 낼 수 있다.
- 개의 짖는 소리를 해석하려고 한다면, 먼저 짖는 소리와 다른 종류의 소음을 구별해야 한다.

(3) 단일 짖음과 반복 짖음을 구별하라.

- 단일 짖음: 주의를 끄는 행동, 반복 짖음보다 긴급하거나 심각하지 않음
- 반복 짖음: 매우 흥분상태, 불행이나 분노를 나타냄, 반대로 흥분이나 기쁨을 나타

냄, 고집을 부리는 개

(4) 짖는 소리를 추적하라.

- 짖는 소리가 무엇을 의미하는지 이해하고 싶다면, 당시의 전후 상황과 시간대를 기록하는 것이 도움이 된다.
- 기록은 개의 짖음이 생식주기의 변화, 스트레스의 경중, 환경의 변화, 라이프 스타일 등 어떠한 요인과 관련이 있는지 이해할 수 있다.

3) 짖는 소리의 다양한 패턴

(1) 짖는 소리의 길이를 들어보자.

- 짧은소리: 긴박함, 분노나 경계심으로 즉각적인 주의를 끌기 위한 것
- 긴소리: 짧은소리보다는 덜 긴급한 상황으로 일반적인 불쾌함이나 불행의 신호
- 으르렁거리거나 울부짖는 소리로 변할 수 있는데 이때는 상황이 심각해진 것임

(2) 짖는 소리의 강도를 들어보자

- 소리의 강도는 개가 무엇을 의사소통하려고 하는지 많은 것을 알려준다.
- 소리의 강도가 셀수록 자신의 메시지가 더 중요하고 긴박하다는 뜻이다.
- 강도를 판단할 때는 평소 소리의 평균치를 판단하고 있어야 한다.

(3) 짖는 소리의 높낮이와 변화폭을 들어보자

- 소리의 음폭 역시 많은 정보를 제공한다.
- 낮음 음조: 개의 두려움이나 공격성을 나타냄. 낮은 음조의 소리는 힘을 나타냄

• 높은 음조: 갑자기 놀람이나 짧은 고통, 흥분 또는 기쁨을 나타냄

4) 짖는 소리를 몸짓과 상황으로 연결

(1) 짖는 동안 움직임을 관찰하라.

• 짖는 소리만으로도 많은 것을 알 수 있지만, 짖는 소리와 함께 더해지는 보디시그널을 보면 더 많은 것을 알 수 있다.
• 더욱 정확하게 짖는 소리의 의미를 알고싶다면, 개가 짖을 때마다 보이는 개의 보디시그널을 함께 살펴보는 것이 좋다.

(2) 짖는 소리에 영향을 미칠 수 있는 조건을 찾아보자.

• 짖을 때 당신과 의사소통하려는 것이 무엇인지 알아내자.
  예 누군가가 현관에 있다는 것을 알려줄 수 있다. 그때 짖음의 톤과 강도 등을 기억하여 식별할 수 있다면, 다음에 개가 그 톤으로 짖을 때 누군가 현관에 있다는 것을 알게 된다.

(3) 특정 신체적 필요를 나타내는 짖는 소리를 기록하자.

• 무엇을 원하거나 무엇이 필요한 할 때도 개는 짖음으로 표현할 수 있다.
• 특정한 이유로 짖는다는 것을 알고 있다면, 그 짖는 소리가 어떻게 들리는지 정확하게 기록하여 다른 상황에서 그것을 식별할 수 있도록 한다.

3. 낯선 사람에게 짖는 개

1) 낯선 사람을 향한 짖음

- 개는 주인에게 누군가 정문에 있다는 것을 알리기 위해 짖는다. 주인에게 알려주기 위한 신호로써 적당한 짖음은 필요하지만, 낯선 사람을 향한 과도한 짖음은 개가 새로운 사람에 대해 불신하거나 불편하다는 표시이다.
- 개가 다른 사람에게 지나치게 공격적으로 행동하지 않도록 평소 복종훈련을 강화하여 과도한 짖음을 제어하는 것이 중요하다.

2) 낯선 사람에게 짖는 개를 대할 때 요령

(1) 인정하라 – 영역을 지키기 위한 개의 짖음을!

- 낯선 사람에게 짖는 개들은 영역을 지키기 위해 짖는 경우가 많다.
- 이런 짖음은 낯선 사람을 잠재적인 위협 대상으로 보기 때문에 일어난다.
- 개는 본능적으로 자신의 영역을 방어하기 때문에 집이나 마당처럼 익숙한 곳에서 낯선 사람을 발견할 때는 짖는 소리를 사용하여 알릴 것이다.
- 이때 개는 인식된 위협에 짖고 싶은 의욕이 너무 강해서 짖지 말라는 주인의 고함이나 어떤 꾸지람도 무시할지 모른다.
- 심지어 짖는 것을 막기 위해 가혹한 체벌을 사용하려고 하면 오히려 침입자를 물려고 달려드는 등 더욱 격양된 행동 양상을 보이기도 한다. 또한 짖음의 의미에는 주인에게 닥칠 잠재적인 위협을 경고하기 위해서 낯선 사람들에게 짖는 것이기도 하다.
- 경계성 짖음은 시각과 청각에 의해 유발되기 때문에 누군가가 집이나 마당에 없더라도 멀리서 들리는 낯선 사람의 소리에 반응하며 짖을 수 있다.

(2) 짖을 때마다 화낼 필요는 없다.

- 개가 짖을 때마다 소리를 지르거나, 꾸짖는 것은 상황을 더욱 악화시킬 뿐이다.
- 만약 개가 영역을 지키기 위한 경계심과 불안으로 낯선 사람에게 맹렬히 짖을 때 강압적으로 개를 처벌한다면 효과는 없이 개에게 스트레스만 가중시킬 뿐이다.
- 개를 강압적으로 처벌하는 대신 낯선 사람이 영역 안으로 들어왔을 때 적절한 방법으로 반응하도록 알려주는 것이 좋다. 또한 필요할 때만 짖고, 불필요할 때는 주인의 명령에 짖음을 멈추게 훈련시키는 것이 필요하다.

(3) '머즐컨트롤' 도구는 최후의 수단이다.

- 개의 짖음을 교정하기 위해 입마개나 짖음방지 목줄에 사용할 수 있지만, 이는 보조적인 수단이지 근본적인 해결책이 아니다.
- 특히 강압적인 도구를 사용하기 전에는 충분히 위험성과 부작용에 대해 검토해야 하며, 우선 선택이 아니라 최후의 수단이 되어야 한다.

3) 낯선 사람의 노출 조절

(1) 낯선 사람이 덜 보이도록 시야를 조절하라.

- 실내견은 커튼, 블라인드, 필름, 보조문, 코팅 등을 사용하여 외부 사람이 보이는 시야를 제한해주는 등 안정감 있는 환경을 조성하여 개의 긴장감을 완화하고, 짖음을 감소시키는 것이 좋다.
- 실외견은 높은 울타리 등을 마당에 고정시켜준다. 마당에 높은 울타리로 벽을 만들면 거리에 대한 시야가 흐려지기 때문에 오가는 행인이나 외부 사람의 출현을 직접적으로 접하지 않게 되어 짖음이 감소할 수 있다.

(2) 소리를 이용하여 짖음을 방해해라.

• 열쇠 꾸러미나 철기구 같은 것을 사용해서 큰 소리를 내면 개가 놀라서 짖는 행동을 잠시 멈추게 된다. 그때, 문으로부터 떨어진 곳으로 개를 이동시킨 후, '앉아'나 '엎드려'를 지시한다.

• 개가 앉거나 엎드리며 짖음을 멈추면 낯선 사람이 지나갈 때까지 몇 분 동안 보상을 준다.

4) 주인의 신호에 낯선 사람에게 반응하는 법 훈련

(1) 개의 머즐을 만지며 "조용히"를 가르쳐라.

• 개의 머즐을 살포시 양손으로 감싸며 "조용히"라고 명령한다. 이 방법은 개가 짖을 때, 주인이 "조용히"라고 말하면 짖음을 멈추는 것을 학습시키는 것이다.

• 일단 누군가 왔을 때 당신의 개가 3~4번 짖도록 놔둬라. 그런 후에 다가가서 양손으로 개의 머즐을 살며시 감싸며, 다시 "조용히"라고 말한다. 개가 흥분을 가라앉히면 손을 풀어주고 뒤로 물러서면서, 개의 이름을 부르며 오게 한다. 개가 다가오면 개에게 앉으라고 명령한 다음 보상을 준다. (짖으면서 공격성을 보이는 개에게는 위험할 수 있으니 머즐 잡는 방법을 사용하지 않도록 한다.)

• 만약 개가 자리에 조용히 앉아있으면, 낯선 사람이 사라질 때까지 몇 분 동안 개에게 몇 번 더 보상해준다.

• 만약 개가 자리에 앉지 않고 짖기 시작하면, 다시 머즐을 감싸는 순서부터 반복하여 개가 짖음을 멈추고 앉을 때까지 보상을 주지 않는다.

(2) 개의 머즐을 잡지 않고 "조용히"를 가르쳐라.

- 낯선 사람이 나타나 개가 짖기 시작하면 3~4번 정도는 짖도록 내버려 둔다. 그런후에 다가가 "조용히"라고 말한 후 개에게 계속해서 간식을 준다. 개는 계속해서 간식을 먹기 때문에 짖을 기회를 잃게 되어 자연스럽게 짖지 않게 된다.
- 개가 "조용히"가 무슨 뜻인지 알 때까지 이 순서를 며칠 동안 여러 번 반복한다. 익숙해지면 점차 시간을 연장한다.

(3) 산책 중에는 개가 가장 좋아하는 간식이나 소리 나는 장난감을 준비하라.

- 산책 중에 개가 짖는 것을 막기 위해서는 일반적인 보상물보다 훨씬 더 강력한 보상물이 필요하다. 간식이나 장난감을 준비하되 가장 좋아하는 것으로 준비한다. 장난감은 시끄러운 소리가 나는 것이 좋고, 없다면 호루라기와 같이 소리가 나는 것을 준비한다.
- 낯선 사람이 다가오는 것을 발견하면, 개가 짖기 전에 재빨리 개가 가장 좋아하는 간식을 주거나 소리 나는 장난감으로 개를 유인하여 짖을 기회를 만들지 않는 것이 좋다.

(4) 크레이트 훈련과 헤드할터에 익숙하게 연습시켜라.

- 차에 탑승할 때 짖는 개들은 그냥 차에 태우는 것보다 크레이트(crate)나 캔넬(kennel)을 이용하는 것이 짖음을 감소하는 데 도움이 된다.
- 크레이트(crate)나 캔넬(kennel)과 같은 제한된 공간은 불안한 개에게 안식처와 같은 기능을 하기 때문에 개에게 안정감을 줄 수 있어 짖음을 감소시키는 데 효과적이다.
- 헤드할터를 익숙하게 연습해놓으면 짖는 행동을 수정하는 데 도움이 될 수 있다.

학습정리

- 개들에게 짖음이란 누군가와 소통하거나 감정을 표현하는 방법으로 그 정도가 심하지 않으면 매우 자연스러운 정상행동이다.
- 과도한 짖음을 개선하려고 할 때 행동수정의 목표는 못 짖게 하는 것보다 짖음을 줄이게 하는 것이 현실적인 방법이다.
- 짖을 때마다 행해지는 부적절한 처벌은 오히려 개의 짖음을 더욱 가중시킨다.
- 짖는 소리를 해독하면 짖음의 원인을 파악하고, 처해진 상황을 이해하는 데 도움이 된다.
- 개가 지나치게 공격적으로 행동하지 않도록 평소에 복종훈련을 강화하여 짖음을 조절하는 것이 중요하다.

1. 개가 짖는 이유를 모두 고르시오.

① 요구표현을 하기 위해서
② 위협을 받는다고 느끼고 경고를 하기 위해서
③ 영역과 무리를 지키기 위해서
④ 주인의 의도치 않은 반응으로 강화되어서

2. 과거에는 임계기라고 표현하며 이 기간에 노출된 특정 자극에 의해 행동이 장기적으로 불가역적인 영향을 받는 한정된 범위라고 여겨졌지만, 그 후 연구를 통해 이 시기의 시작과 끝의 선 긋기는 엄밀한 것이 아니라 서서히 이행되는 것이라고 하는 시기는?

① 사회화기
② 사춘기
③ 유년기
④ 이행기

3. 개들의 짖음에 대한 설명 중 올바르지 않은 것을 고르시오.

① 개를 키운 경험이 많은 사람들은 짖는 소리만 들어도 개가 짖는 이유를 유추해낼 능력이 생길 수 있다.
② 조기 교육과 사회화 교육으로 개가 짖는 것을 완전히 멈출 수 있다.
③ 짖음 방지 교육의 핵심은 없애는 것이 아니라 줄이는 것이다.
④ 강아지의 짖는 소리를 줄이고 싶다면, 강아지가 짖는 이유를 알아내는 것이 중요하다.

4. 다음 중 개의 짖는 소리의 유형을 결정하는 데 알아야 할 사항으로 가장 거리가 먼 것을 고르시오.

① 짖는 소리는 언제 어디서 발생하는지
② 짖는 대상은 누구 또는 무엇인지
③ 어떤 것 (물체, 소리, 동물 또는 사람)이 짖음을 유발하는지
④ 개가 짖고 난 후에는 무엇을 하는지

5. 낯선 사람에 대한 자극을 감소시키는 방법으로 적합하지 않은 방법을 고르시오.

① 거실의 창문에 커튼으로 가려서 마당을 볼 수 없게 한다.
② 마당의 울타리를 세워 길에 다니는 사람을 볼 수 없게 한다.
③ 집의 위치를 대문 앞에 두어서 행인의 소리만 들을 수 있게 한다.
④ 개가 자주 반응하는 창문에는 필름지를 붙여서 시각적으로 차단한다.

1. ①②③④ 2. ① 3. ② 4. ④ 5. ③

12장
문제행동분석 - Digging(파는 행동)

학습목표

1. 개가 구멍을 파는 원인을 이해하고 설명할 수 있다.
2. 구멍을 파는 행동을 예방하기 위한 방법을 실행할 수 있다.
3. 구멍을 파는 행동을 올바르게 개선할 수 있는 방법을 알고 실천할 수 있다.

1. 개가 구멍을 파는 행동 - Digging

시도 때도 없이 땅을 파게 되면, 마당이나 정원은 망가지고, 심어놓은 농작물은 훼손되며, 개는 온몸에 흙먼지를 묻히는 등의 문제로 주인은 골치가 아플 것이다. 설상가상으로, 울타리 아래로 땅을 파고, 터널을 만들어 탈출하기라도 한다면 반려견이 위험에 처할 수도 있다. 하지만 땅을 파는 행위는 개에게 있어 큰 기쁨을 주는 행위이다. 개에게 있어서 땅을 파는 행동은 개가 짖거나 냄새를 맡는 것만큼 본능적인 행동이기 때문이다. 이번 장에서는 개가 왜 구멍을 파는지 알아보고, 개의 이러한 본능적인 행동을 어떠한 방법으로 개선할지 살펴보도록 하겠다.

1) 구멍 파는 행동의 이해

(1) 정상적이고, 필수불가결한 행동이다.

- 개의 구멍 파는 행위는 잘못된 것이 아니라 자연스러운 행동이다.
- 개가 구멍을 팔 때 주인이 화가 나는 이유를 구분해야 한다. 주인의 입장에서 화가 나는 것은 개가 구멍을 파는 행동이 아니라 개가 구멍을 파는 장소가 부적절한 것일 뿐이다.

(2) 선택교배에 의해 구멍을 잘 파도록 만들어진 견종도 있다.

- 인간의 필요와 요구에 따라 구멍을 파는 습성을 높이도록 선택적으로 교배된 견종도 있다. 소동물 사냥을 하는 테리어 그룹의 견종들이 이에 속한다.

2) 구멍 파는 행동의 원인

(1) 저장회수 본능

- 음식물이나 뼈를 묻었다가 나중에 회수하기 위해서 구멍을 판다.

(2) 사냥추적 본능

- 생쥐, 오소리, 토끼, 여우와 같은 소동물을 사냥하기 위해서 구멍을 판다.

(3) 체온유지의 습성

- 더우면 시원한 곳을 찾아서 땅을 판다.
- 추우면 따뜻한 곳을 찾아서 땅을 파고 체온을 유지한다.

(4) 안전 추구의 본능

- 천적이나 위험한 대상으로부터 자기 몸을 보호하기 위해서 구멍을 파고 숨는다.

(5) 출산 준비의 습성

- 임신한 암캐가 출산이나 육아용 보금자리를 만들기 위해서 구멍을 판다.

(6) 놀이의 습성

- 구멍 파는 행위 자체는 개에게 매우 즐거운 놀이이다.

(7) 무료함의 심심풀이

- 묶여서 장시간 격리되어있거나 좁은 곳에 갇혀있는 개에게는 유일한 놀이 행위이다.

2. 구멍 파는 행동의 개선방법과 예방책

1) 구멍 파는 행동의 개선방법

(1) 주로 파는 장소에 싫어하는 냄새로 덮는다.

개가 땅을 파고 있는 부위마다 매운 고춧가루나 식초를 뿌리면 효과적이다. 땅을 파다가 이 냄새가 콧구멍을 자극하면 파는 것을 멈추게 될 것이다.

(2) 물과 같은 불쾌한 자극을 이용한다.

대부분의 개는 물 사례를 싫어하기 때문에 개가 땅을 팔 때 물을 뿌리는 정적처벌 방식을 응용해본다.

매번 정적처벌을 실행하기 어렵다면 자동화된 기계의 도움을 빌릴 수 있다. 예를 들어 움직임이 감지되면, 특정 방향으로 자동방출하게 되는 스프링클러도 있다.

(3) 함정 트레이닝을 사용한다.

개가 주로 구멍 파는 부위에 풍선을 불어서 묻는다. 개가 땅을 파다가 발톱으로 풍선에 닿으면 풍선이 터지게 된다.

두려움을 이용한 함정 트레이닝 방식으로 땅을 파는 행동을 줄여나간다.

(4) 혐오자극으로 역조건화를 실시한다.

개가 자주 파는 장소에 날카로운 선인장을 심는다. 땅을 파다가 매번 가시에 찔리게 되면 자연스럽게 통증이 연상되어 그 장소에서 점차 멀어지게 된다. (역조건화)

(5) 간식의 양과 크기를 조절한다.

간식을 남길 정도로 주어서는 안 된다. 남은 간식을 안전하게 보관하기 위해 땅을 파서 간식을 묻을 수 있기 때문이다.

너무 큰 간식보다는 한입 크기로 잘라주어서 바로 먹을 수 있게 하고, 양도 먹고 남지 않을 정도로 제공하는 것이 좋다.

(6) 경계선 트레이닝을 실시한다.

출입할 수 없는 금지구역을 정한 후 그 구역은 확실한 경계선으로 표시하여 경계선 안에는 들어가지 절대 들어가지 못하게 트레이닝을 실시한다.

2) 구멍 파는 행동의 예방책

(1) 구멍 파는 지역과 분리시킨다.

눈 앞에 펼쳐진 공간을 보고 무작정 파지 않길 바라는 것은 어리석다. 파도 되는 구역과 파서는 안 되는 구역을 따로 정하고, 이러한 금지구역은 출입하지 못하도록 미리 펜스로 분리한다.

(2) 바닥 소재와 환경을 바꾸어 파는 행동을 예방한다.

땅을 맘껏 팔 수 있는 흙이나 모래라는 소재 대신 자갈과 같은 바닥재로 바꾸어서 그런 행동을 예방할 수 있다.

구역을 분리하기 어렵거나 자갈을 이용하기 어려우면 구멍을 파기 힘든 바닥재를 깔아서 파는 행동을 감소시키는 방법도 있다.

(3) 임신견에게는 분만틀을 제공해준다.

임신견이 새끼를 낳기 위해 땅을 파서 자리를 준비하려고 할 경우, 임신분만틀을 제공하여 불필요하게 땅을 파는 것을 막을 수 있다.

(4) 체온유지를 위한 장비를 준비한다.

더워서 땅을 파는 개에게 차라리 시원한 물놀이 풀을 준비해 준다.

추워서 땅을 파는 개에게 차라리 바람을 막아주는 개집이나 캔넬을 준비해 준다.

(5) 안전을 추구하는 개에게 자신만의 공간을 준비해 준다.

개가 위험이나 위협으로부터 자신을 지키기 위해 땅을 파는 경우, 자기만의 안전한 공간이 필요하니 별도의 공간을 만들어준다.

(6) 땅 파는 것보다 더 재미있는 놀이 거리를 제공해준다.

무료해서 땅을 파는 개에게 땅을 파는 것보다 더욱 재미있고, 좋은 보상이 가득한 장난감 거리를 제공해주도록 한다.

(7) 차라리 마음껏 땅을 팔 수 있는 주인이 허락한 장소를 마련해준다.

개의 본능을 억지로 막는 것보다 차라리 마음껏 땅을 팔 수 있는 장소를 마련해주어서 주인이 허락한 곳에서 본능을 풀게 해주는 것도 예방하는 방법이다.

(8) 산책과 운동량을 증가시킨다.

산책과 운동을 등한시했다면 규칙적으로 운동을 시키고, 이미 하고 있다면 더 많은 활동을 하게 하여 에너지 소모량을 늘리도록 한다.

몸에 축적된 에너지를 산책이나 야외활동으로 다 소진하게 되면 귀찮게 땅을 파는 것보다 편히 쉬고 싶어지는 법이다.

(9) 분리불안을 해소한다.

심리 · 정서적 문제가 발생하지 않으면 그로 인한 문제행동의 발현도 줄게 된다.

분리불안과 같은 불안감을 증폭시키는 증상이 나타나기 전에 교육으로 개선하여 그로 인해 불필요하게 땅을 파는 행동을 예방하는 것이 좋다.

학습정리

- 개가 땅을 파는 행동은 매우 정상적이다.
- 개의 땅 파는 행동은 행동규제보다 예방이 더욱 효과적이다.
- 땅을 파면 벌을 주는 정적처벌보다 파지 않았을 때 상을 주는 정적강화의 방식이 효과적이다.
- 아무 곳에서나 땅을 마음대로 파지 않도록 적절한 배출구를 사전에 제공해주는 것이 좋다.

1. 다음 중 개의 땅을 파는 행동을 수정하는 방법으로 가장 적절하지 않은 것을 고르시오.

① 개의 잘못된 행동을 예방한다.
② 개에게 적절한 배출구를 제공한다.
③ 개가 땅을 파는 행동을 멈추면 정적강화로 강화한다.
④ 벌을 주는 교육 프로그램은 최대한 자주 바로 활용하도록 한다.

2. 땅을 파는 행동수정 방법 중 정적처벌을 이용한 방법은 어떤 것인지 고르시오.

① 땅을 파는 행동을 발견하는 순간 물을 뿌리며 놀라게 한다.
② 땅을 파는 행위를 멈추게 하고, 다른 행동을 할 때 보상을 준다.
③ 땅을 파려 가도 팔 수 없도록 땅에 그물망 바닥재를 설치하도록 한다.
④ 땅을 파는 행동을 사전에 방지하도록 일주일에 한 번쯤 해변으로 데리고 가서 마음껏 팔 수 있게 한다.

3. 개가 땅을 파는 행동에 대한 설명과 그 원인으로 거리가 가장 먼 것을 고르시오.

① 사냥감을 잡기 위해 구멍을 판다.
② 자신의 사회적 위치를 가늠하기 위해 구멍을 판다.
③ 자신의 체온을 유지하기 위해 구멍을 판다.
④ 심심풀이로 구멍을 파기도 하고, 재미로 파기도 한다.

4. 땅을 파는 행동을 할 때 예방책으로 가장 거리가 먼 것을 고르시오.

① 실컷 땅을 팔 수 있는 구역을 따로 만들어준다.
② 충분히 산책을 시켜주고 운동량을 늘려서 에너지를 발산한다.
③ 땅을 작게 파면 무시하고, 크게 파면 처벌의 방식을 사용한다.
④ 더위나 추위를 피할 집이나 물놀이 기구 같은 공간을 마련해준다.

1. ④ 2. ① 3. ② 4. ③

13장
문제행동분석 - 배변훈련(Potty Training)

학습목표

1. 어린 강아지가 배변 장소를 익히는 방법을 설명할 수 있다.
2. 배변을 처음 배우는 강아지가 실수하지 않는 환경을 미리 준비해 줄 수 있다.
3. 성견의 야외 배변훈련 방법을 모색할 수 있다.
4. 성견이 배변 실수를 했을 때 대처요령을 설명할 수 있다.
5. 노견의 배변 패턴을 다시 만들 방법을 모색하며 배변훈련이 성공하지 못하였을 때 다른 방안을 모색할 수 있다.

1. 어린 강아지 배변훈련

1) 어린 강아지 배변훈련 시작하기

(1) 강아지가 환경을 어떻게 보는지 이해하라.

- 강아지는 주인이 무엇을 원하는지, 어떤 행동이 옳고, 그른지 이해하지 못한다. 강아지는 주인의 반응이나 행동을 통해 옳고 그름을 학습한다.
- 강아지는 카펫에서 소변을 보는 것이 '나쁜' 행동이라는 것을 이해하지 못한다. 강아지에게 카펫이란 잔디처럼 허용되는 표면일 뿐이다. 그렇기에 주인은 강아지에게 더 나은 장소를 알려주어야 한다.

(2) 우연히 성공한 배변 순간을 포착하라.

- 최초로 성공한 배변 순간을 포착하라. 개를 길들이는 가장 효과적인 초기의 방법은 무엇보다도 우연히 잘한 행동을 한 그 순간을 잘 포착하여 크게 보상하는 것이다.
- 자주 데리고 나가 산책을 하다 보면 자연스럽게 밖에서 배변을 할 기회가 많아진다. 밖에서 적당한 장소에 배변을 한 순간, 그 행동을 칭찬하면 강아지는 자신이 옳은 행동을 했다고 이해하기 시작한다. 물론 많은 시간과 많은 반복이 필요하다.

(3) 강아지의 배변 실수를 처벌하지 마라.

- 주인은 강아지의 배변 실수를 처벌한 것이지만 강아지는 당신이 혼내는 이유를 잘 이해하지 못한다. 오히려 심한 꾸지람은 강아지가 올바르지 않은 장소에서 배변하여 주인이 화난 것이라 생각하지 않고, 자신이 배변하는 행위 자체를 주인이 싫어한다고 여길 수 있다.
- 주인이 과한 처벌을 하게 되면 강아지는 배변하는 행위 자체를 참으려 하거나 주인

이 없을 때만 배변을 할 것이다.

- 심하게 혼이 난 강아지들은 가구나 침대 밑으로 들어가 안 보이는 곳에 배변하거나 심한 경우에는 배변을 한 후, 그 흔적을 없애기 위해 먹어버리는 경우도 있다.
- 긍정적인 훈련방법을 사용하지 않으면 배변교육은커녕 오히려 심각한 행동 문제가 발생할 수 있다.

(4) 강아지가 배변하는 시간대와 횟수를 파악하라.

- 강아지가 언제 배변하는지 시간대를 파악하는 것이 우선이다. 언제 배변하는지 잘 안다면 그 시간대에 배변 장소로 유도하여 배변 실수를 최소화할 수 있기 때문이다.
- 강아지의 연령대는 방광조절 능력과 밀접한 관련이 있어 배변교육을 할 때 고려해야 할 사항이다. 나이가 어린 강아지일수록 방광을 유지할 수 있는 시간이 짧기 때문에 더욱 자주 소변을 보게 되니 시간대를 파악하여 실수하게 전에 배변장소로 옮기는 것이 좋다.

- 8~16주: 최대 2시간 동안 방광 유지
- 16주 이상: 최대 4시간 동안 방광 유지
- 4~6개월: 최대 4~6시간 (쉽게 주의산만 하기 때문)
- 6~12개월: 최대 6~8시간
- 12~24개월: 성견의 나이나 품종이나 개체의 성향에 따라 성숙하지 못한 개체도 있다.

- 강아지 시기에 올바른 배변 습관을 만들어주는 것은 매우 중요하다. 실수투성이인

성견에게 배변교육을 하는 것은 아무것도 모르는 강아지에게 교육하는 것보다 훨씬 많은 시간과 정성이 들어가기 때문이다.

(5) 견종과 크기에 따라 차이가 있음을 인지하라.

• 소형견은 대형견에 비해 비교적 배변의 횟수가 더 많은 편이다.
• 소형견은 주인이 안 보이는 곳에 배변하거나, 배변 실수를 숨기기 쉽기 때문에 나쁜 습관이 형성될 때까지 주인이 눈치채지 못하는 경우가 많다.

(6) 크레이트나 캔넬을 적극 활용하라.

• 배변훈련을 할 때 크레이트를 활용하면 좋다. 강아지도 사람과 마찬가지로 먹고 자는 곳에서 배변하는 것을 선호하지 않는다. 보통의 강아지들은 크레이트 안에서는 배변하지 않으려고 참는 편이기 때문에 크레이트 훈련은 강아지가 방광조절을 배우는 데 도움이 되는 좋은 방법이다.
• 크레이트에 두는 시간은 나이에 따라 개체에 따라 유동적으로 조절한다. 예를 들어 생후 6개월 미만의 강아지는 방광조절과 관계없이 3~4시간 이상 크레이트에 가두어서는 안 되며 더욱 자주 배변장소로 나오게 해주어야 한다.
• 강아지에게 크레이트 훈련을 시킬 때는 억지로 들어가게 하는 것보다 자연스럽게 환경을 연출해주는 것이 좋다. 안정된 장소에 크레이트를 설치한 후, 필요에 따라 출입할 수 있도록 문을 열어 두고, 장난감, 간식을 넣어두며, 편안한 이불을 깔아두도록 한다. 강아지에게 크레이트라는 공간은 처벌이나 벌칙의 장소가 아닌 행복한 장소여야 한다.

(7) 크레이트(캔넬)의 크기를 잘 선택해야 한다.

- 강아지가 일어서고, 돌아서고, 누울 수 있는 크기의 크레이트를 사용하도록 한다.
- 크레이트의 크기는 적당해야 한다. 너무 큰 크기의 크레이트는 강아지가 한쪽 구석에서 쉬고, 다른 구석에서 배변할 수 있게 되니 적당한 크기가 좋다.
- 만일 개의 크기보다 훨씬 큰 크레이트를 사용해야 한다면 크레이트 안에 이불이나 방석 같은 것을 채워 넣어 크레이트 공간의 크기를 조절할 수 있다.

2) 어린 강아지의 배변훈련을 위한 루틴 개발하기

(1) 일정한 식사시간과 식사량을 정한다.

- 매일 일정한 시간에 먹이를 급여하고, 정해진 양과 횟수를 유지하면 훨씬 더 성공적으로 배변훈련을 시킬 수 있다. 강아지가 원할 때 먹을 수 있도록 허용하는 자율급여 방식은 배변훈련에 성공하기가 어려울 수 있다.
- 시계처럼 강아지가 식사 후 15~20분 이내에 강아지를 데리고 나가는 것을 습관화하도록 한다.

(2) 일정한 배변루틴을 정하도록 한다.

- 배변훈련을 할 때 가장 중요한 것은 일관성이다. 주인이 정해진 시간마다 매일 똑같이 반복한다면 강아지는 매우 빨리 이해하고 따라잡을 것이다. 반면에 시간과 횟수를 자주 바꾸게 되면 강아지가 매우 혼란스러워할 것이다.
- 강아지에게는 예측 가능하고, 일관된 배변 루틴을 만드는 것이 중요하다. 강아지가 주로 배변하는 상황은 다음과 같다.

- 강아지가 아침에 일어나자마자
- 식후 (강아지는 보통 식사 후 20분 이내에 배변함)
- 낮잠 자고 난 후
- 매번 놀 때마다
- 밤에 잠자리에 들기 전(생후 8~14주 사이의 강아지는 자기 전 배변해야 함)

(3) 배변훈련은 가능한 빨리 시작할수록 유리하다.

- 강아지를 처음 데려왔을 때는 일단 강아지에게 새로운 집의 환경을 소개해준다. 그리고 강아지에게 물이나 먹이를 준 후, 즉시 배변장소로 정해놓은 곳으로 강아지를 데리고 가서 배변하게 한다.
- 배변훈련의 첫 시작은 매우 중요하다. 가장 중요한 것은 강아지가 실수를 하지 않게 하는 것이다. 강아지가 배변실수를 하지 않게 하기 위해서는 새로운 장소를 소개하면서 바로 배변장소로 유도하여 배변을 성공시키는 것이다.

(4) 강아지의 사인을 놓치지 마라!

- 강아지가 당신에게 배변의 신호를 알리는 방법을 찾아내야 한다.
- 강아지가 방광이 가득 찼다는 것을 알려주는 징후는 짖거나 낑낑거리거나 문을 긁어 대거나, 쪼그리고 앉아 안절부절못하고, 코를 킁킁거리거나 빙글빙글 도는 행동 등을 취한다.

(5) 배변과 지시어를 연결시켜라.

- 배변활동을 지시어와 연결하도록 한다.

- 예를 들면, "화장실", "쉬", "응아" 등 일관적으로 자주 사용할 수 있는 단어와 연결시켜 강아지가 그 단어를 들으면 배변활동을 연상할 수 있도록 연결시킨다.
  - 예 파블로프의 개와 종소리

(6) 지시어를 일관되게 지속적으로 사용하라.

- 배변훈련 과정에 입력된 지시어만 사용해야 한다.
- 강아지를 데리고 나갈 때마다 사용해야 한다. 이렇게 하면 강아지가 이 행동과 지시어를 정확하게 연관시킬 수 있다.
- 이것은 앞으로 여행하거나 친척, 친구 집을 방문할 때 도움이 될 것이다.

(7) 칭찬의 타이밍이 중요하다.

- 올바른 배변행동과 칭찬을 조건화시키려면, 올바른 장소에서 배변을 끝내자마자 바로 칭찬해주는 것이 중요하다.
- 너무 늦게 칭찬하면 강아지는 무엇 때문에 칭찬받았는지 모를 수 있고, 너무 빨리 과하게 칭찬하면 소심한 강아지는 배변하는 도중에 놀라서 멈출 수도 있다.

(8) 처벌보다는 올바른 행동을 하게 유도하라.

- 배변장소에서 강아지가 3~5분 이내에 배변하면 놀아주거나 풀어주는 등 큰 보상을 주도록 한다.
- 만일, 3~5분 이내에 배변하지 않으면 강아지를 다시 크레이트 안에 넣도록 한다. 시간이 경과한 후 다시 강아지를 배변장소로 데리고 나가 배변을 유도한다. 이때 배변을 성공하면 넓은 공간에서 놀아주는 등의 큰 보상을 해주고, 배변하지 않으면 다시 크레이트에 데려가도록 한다.

(9) 함께 사는 가족 모두 참여해야 한다.

- 주인이 혼자라면 명령어를 만들고 배변루틴을 만들어 지키는 것이 어렵지 않을 수 있다. 그러나 여러 명의 식구와 함께 살고 있는 가정이라면 모든 식구들이 강아지의 배변훈련에 적극적으로 동참하고, 협조해야 한다.
- 특히 지시어는 모두 같은 단어와 억양을 사용하는 것이 좋고, 정해진 시간에 배변해주는 루틴 역시 모두가 지키도록 해야 한다.

(10) 자기 전 물그릇을 치워라.

- 잠자리 들기 전, 약 2~3시간 전에 강아지의 물그릇을 치우는 것이 좋다.
- 밤에는 강아지에게 자기 좋은 환경을 만들어주는 것이 좋다. 너무 밝은 조명은 수면에 방해가 되고, 밤늦게 놀아주게 되면 낮 시간과 밤 시간의 패턴이 바뀔 우려가 있어 배변훈련 패턴이 망가질 수 있다.

(11) 배변실수는 최대한 빠른 시간 안에 철저하게 소독해야 한다.

- 개들은 후각이 매우 뛰어나기 때문에 한 번 배변을 실수한 장소에 또다시 실수할 경우가 많다. 그렇기에 배변실수한 장소의 청소와 소독은 매우 중요하다.
- 강아지가 아직 배변을 잘 가리지 못한다면 집 전체를 자유롭게 돌아다니게 해서는 안 된다. 차라리 목줄이나 펜스 등을 활용하여 공간을 제한해주는 것이 재차 배변실수를 막을 수 있는 현명한 방법이다.

2. 성견의 배변훈련

1) 성견의 야외 배변훈련 시작하기

(1) 배변 시간과 횟수를 정하고 반드시 유지하라.

- 일정한 배변 시간과 일관된 배변 패턴은 배변교육에서 매우 중요한 포인트이다.
- 개가 잠에서 깬 후나 식사를 마친 후, 잠들기 전에는 정해진 장소로 이동하여 반드시 배변하도록 유도한다.

(2) 특정한 장소를 지정하여 배변장소로 활용한다.

- 실내의 배변판 외에도 뒷마당이 있다면 야외 장소도 배변장소로 활용할 수 있다.
- 정해진 장소 근처에서 소변을 볼 때는 칭찬을 하도록 한다.

(3) 배변할 때는 개와 놀아주거나 개가 흥분하지 않도록 한다.

- 배변할 때 개와 놀아주게 되면 개가 쉽게 산만해져서 배변 행위에 방해가 될 수 있다.
- 개가 배변을 마칠 때까지 가만히 서 있다가 배변을 마치면, 그때 재미있게 놀아주도록 한다.

(4) 배변을 마치면 즉시 보상하여 강화한다.

- 개는 방광이 가득 차 있지 않으면 개가 밖으로 나가자마자 완전히 소변을 보지 못할 수 있다. 개는 방광 근육이 배뇨를 위해 충분히 이완되기까지 시간이 필요할 수 있다.
- 배변이 끝나면 즉시 칭찬하고 보상한다. 이것은 올바른 장소에서 소변을 보는 것이 옳은 일이라는 것을 알려주는 것이다.

- 개에게 간식을 주고 싶다면 배변이 끝날 때까지 숨겨두도록 한다. 개가 간식을 미리 본다면 화장실에 가는 데 주의가 산만해질 수 있다.

(5) 배변이 끝났다고 바로 집으로 돌아가지 말아라.

- 산책 중 배변이 끝났다고 산책을 중단하고 바로 귀가한다면 개는 재미있는 시간이 끝났다고 여겨진다. 이러한 산책 패턴이 반복되면 개는 더 오래 산책하려고 일부러 배변을 참게 된다.
- 산책 중 배변하면 바로 귀가하지 말고, 칭찬하며 더 재미있게 놀아주거나 얼마간의 산책을 지속하는 것이 좋다.

2) 성견이 실내에서 배변 실수를 했을 때 대처방법

(1) 올바른 방법으로 훈육해야 한다.

- 정해진 배변장소가 아닌 곳에서 배변실수를 했다고, 개를 데려가 배변한 흔적에 코를 갖다 대며 처벌해서는 안 된다. 그러한 방법은 효과가 없을 뿐만 아니라 개가 당신을 두려워하게 만들 것이다.
- 개는 소변을 보는 장소가 잘못된 것이 아니라 소변보는 행위 자체가 잘못된 것이라고 착각하며 앞으로 숨어서 배변할 수 있다.

(2) 실수하는 순간에 훈육해야 한다.

- 현장에서 개의 실수를 놓쳤다면 실수에 대해 훈육하지 마라. 이미 벌어진 일에 대해 혼을 내면 당신의 개는 그것이 무엇 때문에 벌을 받고 있는지 모를 것이다.
- 현장에서 목격했다면 단호하게 말하고 즉시 밖으로 데리고 나간다. 개에게 소리를

치는 것은 효과적이지 않다.

(3) 배변 냄새와 흔적은 즉시 제거하도록 한다.

- 집안에 배변 흔적이 있다면 아무리 닦아도 개는 그 자리로 가서 배변할 확률이 높다.
- 배변 냄새를 완벽히 제거하는 것은 쉽지 않다. 배변 냄새를 제거하려면 소변 속의 암모니아를 분해할 애완동물용 효소 세정제를 사용하거나, 식초와 같이 개가 싫어하는 냄새로 닦아내는 것이 좋다.
- 배변 흔적을 세척했다면, 그 부분이 완전히 마를 때까지 개를 가까이 두지 않는다.

3) 야외 배변하는 성견이 실내에서 배변 실수를 할 경우

(1) 야외 배변하던 성견이 실내에서 배변하면 그 원인을 조사하라.

- 어떤 보호자는 개가 주인에게 화가 나면, 잘하던 배변을 일부러 실수한다고 생각한다. 그러나 개는 악의를 품거나 주인에게 복수하기 위해 잘하던 배변을 일부러 실수하지는 않는다.
- 어쩌면 당뇨병, 방광염과 같은 의학적 문제가 있어 수분 섭취량 증가로 인해 자주 소변을 볼 수 있다.
- 혹은 혼자 집에 남겨진 시간이 너무 길어 참지 못하고 실내에 실수할 수도 있고, 불안이나 스트레스로 인해 자신의 자신의 위치를 표시하려고 일부러 여러 곳에 배변할 수도 있다.

(2) 수의사에게 검사하게 하라.

- 개가 외부에서 배변하고 왔는데 실내에서 자꾸 배변 실수를 한다면 동물병원에 데

려가 보는 것이 좋다.

- 수의사는 개에게 진단 검사(혈액 검사, 소변 검사)를 수행하여 부적절한 배뇨에 대한 의학적 이유가 있는지 확인할 것이다.
- 원인을 아는 것은 행동치료 계획을 세우는 데 도움이 된다.

(3) 필요한 경우 의학적 도움을 받아라.

- 만일, 의학적 문제로 인해 배변을 실수할 경우에는 먼저 신체적 문제를 치료하고, 배변교육을 진행하는 것이 좋다.
- 수의사는 검진을 통해 적절한 약물을 처방하거나 치료를 할 것이다.

4) 성견의 배변훈련 시작하기

(1) 개와 사람 모두 접근하기 쉬운 장소를 선택하라

- 개가 화장실에 가려고 할 때마다 밖에 나갈 수 없는 환경에 거주할 경우, 실내 공간에서도 언제든지 개가 쉽게 접근하여 배변할 수 있는 장소를 정해주는 것도 좋다.
- 거실의 한중간보다는 세탁실이나 주방의 구석과 같은 곳이 좋다. 카펫과 같은 재질의 바닥보다는 단단한 나무 바닥이나 욕실의 타일 바닥과 같은 자리를 선택하는 것이 좋다.

(2) 지정된 장소에 신문지나 패드를 깔아준다.

- 신문은 배변훈련용 습관을 들이는 데 사용할 수 있는 저렴하고 효율적인 재료이다.
- 배변패드나 배변판을 사용할 수도 있다.
- 야외배변만 고집하는 성견을 실내 배변훈련 시킬 때 적응을 하지 못한다면 큰 쟁반

이나 박스에 모래나 흙을 담아 사용해보는 것도 좋다.

(3) 일정한 시간에 규칙적으로 개를 데리고 간다.

- 훈련할 때와 마찬가지로 배변할 때에도 정해진 시간과 계획에 따라 개를 데리고 나가는 것이 좋다.
- 하루에 규칙적으로 정해진 시간에 일정한 장소를 가면, 배변을 성공할 확률이 높아지고, 그때마다 바로 보상을 주어 강화한다면, 정해진 배변시간과 장소를 곧 적응하게 될 것이다.

(4) 배변장소는 늘 청결해야 한다.

- 배변 자국이 남아있는 장소에서는 개들이 다시 배변하지 않기 때문에 배변이 묻어있는 용지나 신문지는 재빨리 치우고, 깨끗하게 청소해준다.
- 다만, 개가 화장실이라는 장소를 인식하게 해주기 위해 냄새를 남기고 싶다면 소변의 마른 부분을 조금만 남기면 된다.

(5) 반복적인 보상으로 배변장소를 각인시켜준다.

- 개가 성공적으로 배변판에 올라갈 때마다 칭찬하며 보상한다.
- 개가 신문지 위나 배변판 위에 올라갈 때마다 긍정적인 보상을 연상시켜 놓으면, 주인의 도움 없이도 스스로 배변 장소에 가기 시작할 것이다.

3. 노견의 배변훈련

1) 노견의 배변 패턴 파악

(1) 노견의 배변 패턴에 대해 최대한 많이 파악하라.

- 노견이 주로 배변 실수하는 장소와 시간대를 파악하면 배변실수를 대비하여 예방할 수 있다.
- 노견이 특정 장소에서 자꾸 실수한다면 그 장소에 대한 접근을 제한하거나 일시적으로 해당 장소 위에 깔개나 물건 등을 쌓아놓아 배변행동을 간접적으로 막는 방법도 있다.

(2) 배변 실수한 장소를 깨끗하게 소독하고 관리하라.

- 노견에게 반복된 배변실수와 그 장소의 연관성을 깨기 위해 실수했던 장소의 배변 냄새를 철저히 제거하는 것이 중요하다.
- 반려동물의 배설물 냄새를 없애기 위해 특별히 제조된 효소 세제를 사용하도록 한다.
- 배변실수를 반복하지 않도록 그 주위에 가구나 다른 물건으로 가려두도록 한다.

2) 기초로 돌아가서 배변훈련 다시 시작하기

(1) 배변훈련을 시작하기 전에 준비해야 한다.

- 배변훈련을 하려면 시간, 열정, 인내심, 실행력 등이 필요하다.
- 특히 노견과 같이 이미 잘못된 배변습관이 오래도록 형성된 개를 훈련하라면 매일 정해진 시간에 꾸준히 훈련을 지속해야 한다.

(2) 노견을 위한 적당한 배변구역을 지정한다.

- 노견에게 배변장소를 정해주고, 배변 교육을 시작해야 한다.
- 실외에서 배변할 경우, 배변장소는 집에서 너무 멀지 않고, 바람과 비로부터 어느 정도 보호되는 장소라면 더욱 효율적이다.
- 실내에서 배변할 경우, 배변판이나 신문지를 정해진 장소에 깔아놓고, 배변장소로 유도하여 배변할 수 있도록 훈련한다.

(3) 정해진 배변 시간에 정해진 배변 장소로 개를 안내한다.

- 배변할 시간이 되면 정해진 배변장소로 개를 안내한다.
- 예전에 부분적으로 훈련을 받았더라도, 재훈련 과정에서는 새롭게 시작하는 것이 좋다. 주인이 정한 배변 장소로 노견을 유도하여 그 장소를 사용하게끔 훈련하고, 배변을 성공시키는 것이 좋다.
- 처음에는 2시간마다 노견을 배변 구역에 데리고 간다. 도착하면 선호하는 명령을 사용하여 알린다. 만일 개가 배변하면 직후에 보상을 주고 칭찬한다.

(4) 정해진 시간에 정해진 양만 급여하도록 한다.

- 먹이 급여 시간이 불규칙하거나 갑자기 양을 많이 주게 되면 배변 실수하기 쉽다.
- 개의 나이와 체중에 권장되는 먹이의 종류와 급여량을 정해서 급여하도록 한다.
- 보통 성견은 하루에 두 번 정도 급여하는 것을 권장하지만 노견과 같은 경우는 담당 수의사와 상의하여 권장량과 횟수를 정하도록 한다.

(5) 잠자리 전 물그릇은 치우는 것이 좋다.

- 취침 전에 물이 많이 마시면 노견이 밤사이 배변 실수할 확률이 높다.
- 취침 전 물그릇을 치우기 전에 먼저 수의사와 상담하도록 한다. 무증상 신장 질환(초기 단계)이 있는 고령의 개는 물을 주지 않으면 빠르게 악화될 수 있기 때문이다.

(6) 개의 배변 신호를 세심하게 받아들인다.

- 모든 개가 배변해야 할 때 분명한 단서를 제공하는 것은 아니다.
- 징징거리거나, 서두르거나, 킁킁거리거나, 빙글빙글 돌거나, 방 밖으로 나가려는 것과 같은 행동에 주의를 기울이도록 한다. 이러한 행동이 보이면 신속하게 배변 구역으로 개를 데리고 나가도록 한다.

(7) 배변 실수에는 벌하지 말도록 하라.

- 배변 실수하고 있는 것을 포착하면 손뼉을 치고 놀라게 한 다음, 정해진 장소로 개를 데리고 한다.
- 정해진 장소에 도착하면 개의 배변을 완료하도록 격려한다.
- 개가 성공적으로 수행하면 보상하도록 한다.
- 배변 실수를 한 뒤에 개를 혼내는 것은 비효율적인 접근 방식이며 개를 불안하게 할 수도 있다.

(8) 개를 감독할 수 없을 때는 제한된 공간에 두는 것을 고려하라.

- 당신이 주변에 없을 때 개가 배변 실수를 하면, 가장 좋은 방법은 당신이 외출할 때 제한된 공간 안에 개를 두는 것이다.

- 개는 자신의 거주 공간을 더럽히는 것을 좋아하지 않으며 선호하는 장소에 갈 수 없다면 집안을 엉망으로 만들 가능성이 적다.

(9) 최소 2주 동안 고정적으로 그 루틴을 유지하라.

- 개가 배변훈련을 성공적으로 수행하면 그 루틴은 최소한 2주 동안 지속되어야 한다.
- 개는 배변 위치를 자연스럽게 배우게 되지만, 훈련 과정을 오래 지속될수록 올바로 습관화될 가능성이 있다.
- 개의 급여 및 운동 일정은 항상 규칙적으로 유지되어야 한다.
- 최소 2주간은 외부 여행을 취소하는 것이 좋다.

(10) 노견의 배변훈련 실패 시 대처방안

- 나이가 많은 개는 얼마나 잘 훈련을 받았는지에 관계없이 배변을 오래 버틸 수 없는 경우가 많다.
- 개가 배변실수를 피할 수 있도록 편의를 마련하는 것이 좋다. 개가 배변신호를 보내는지 주의깊게 관찰하고, 더욱 자주 배변장소로 유도해주는 것이 실수를 막을 수 있다.
- 열흘 이상 실시된 배변훈련에도 올바른 배변습관을 형성하지 못했다면 다른 방법을 모색해본다.

3) 사례별 질문

(1) 나이 많은 개도 배변훈련을 받을 수 있을까요?

가능하다. 다만, 약간의 시간을 두고 훈련을 시작할 수 있다. 개를 배변장소에 데리고 나가는 시간대를 정하고 배변할 때 그 행동에 적극적으로 보상하라. 칭찬으로 보상하는 긍정 강화훈련은 나이 많은 노견에게 전혀 무리가 가지 않는다.

(2) 우리 개는 30~45분 동안 외출해서 기다려도 배변을 안 하는데 어떻게 할까요?

배변 후 바로 집으로 가면 재미있는 놀이가 끝났다고 생각하며 점점 배변을 안 하려고 할 수 있다. 개가 산책을 한 후 곧장 집으로 돌아가지 않고 오히려 더욱 놀아주도록 한다.

(3) 집에 배변훈련이 아주 잘 된 두 살짜리 개가 있습니다. 7개월짜리 새로운 아이를 데려올 텐데 배변훈련이 안 되었다고 하는데 어떻게 하면 좋을까요? 새로운 이 아이 때문에 원래 개도 배변이 잘못되지 않을까요?

항상 함께 꺼내주도록 한다. 또한, 매식후 15분마다 함께 풀어주도록 한다. 새로 들어올 7개월짜리 아이는 모방학습을 통해 자연스럽게 두 살짜리의 배변패턴을 배울 수 있다.

학습정리

- 크레이트 훈련은 강아지가 방광조절을 익힐 수 있고, 배변을 성공적으로 이끄는 데 도움이 되는 훈련이다.
- 배변훈련 중 주어지는 보상 중 먹이나, 놀이 외에 자유롭게 풀어주거나 좋아하는 대상에게 갈 수 있게 하는 것 등도 보상이 될 수 있다.
- 개들은 후각이 매우 뛰어나기 때문에 배변실수한 장소의 청소와 소독은 매우 중요하다.
- 노견의 배변 신호에 세심한 주의를 기울이고, 체중과 체질에 권장되는 종류의 먹이와 급여량을 정한 뒤 일관적으로 급여하는 것이 좋다.

1. 강아지들이 오줌을 참을 수 있는 대략적인 평균 시간을 올바르게 설명한 것을 고르시오.

① 8~16주: 최대 2시간 동안 방광 유지
② 16주 이상: 최대 8시간 동안 방광 유지
③ 4~6개월: 최대 7~8시간 (쉽게 주의산만 하기 때문)
④ 6~12개월: 최대 10시간 이상

2. 강아지의 배변 루틴을 만들어가는 과정을 설명한 것으로 옳지 않은 것을 고르시오.

① 일정한 식사 패턴을 정한다.
② 일정한 배변 시간을 세우도록 한다.
③ 배변 활동하는 행동과 지시어를 연결시킨다.
④ 밤사이 물을 먹고 배변할 수 있게 음수를 준비해준다.

3. 어린 강아지에게 배변훈련을 가르칠 때 주의해야 할 사항으로 옳지 않은 것을 고르시오.

① 강아지가 환경을 어떻게 생각하는지 먼저 이해해야 한다.
② 아무 곳에 실수하지 않도록 캔넬을 적극적으로 활용하도록 한다.
③ 집에 데려오면 긴장을 풀도록 3~4일 후부터 배변교육을 실시한다.
④ 강아지가 배변하려고 보내는 다양한 신호를 놓치고 말고 응해주도록 한다.

4. 성견의 야외 배변훈련 방법에 대해 옳은 것을 모두 고르시오.

① 지정된 배변 장소 근처에서 배변을 하면 칭찬을 해주도록 한다.
② 배변 시 신나게 놀아주며 신진대사를 촉진시켜 배변활동을 하게 한다.
③ 배변이 끝나면 즉시 큰 칭찬을 하며 집으로 돌아와서 또 보상을 준다.
④ 매일 똑같은 시간에 장소에 가서 배변을 하여 일관성을 유지하도록 안내해준다.

5. 실내에서 배변 실수를 했을 때 대처 요령으로 옳지 않은 것을 고르시오.

① 실수한 장소에 개의 얼굴을 갖다 대며 냄새를 각인시킨다.
② 실수하고 있는 순간 단호하게 말하고 올바른 장소로 안내해준다.
③ 실내에서 실수한 장소에 배변 냄새가 배지 않도록 전문 소독을 한다.
④ 부적절한 배변행동에 의학적 이유가 있는 것은 아닌지 수의사에게 검진을 받도록 한다.

6. 노견의배변훈련을 시작하기 전에 파악해야 할 상황에 대해 올바르게 설명한 것을 고르시오.

① 노견에게 훈련은 무리가 가기 때문에 그냥 편하게 둔다.
② 노견의 배변훈련은 하루라도 빨리 시작하는 것이 무리가 없다.
③ 노견의 배변 타이밍은 어린 강아지와 다르게 매우 간격이 길다.
④ 개의 상황과 배경, 실수를 저지르는 장소, 위치 등 다양한 원인을 최대한 많이 분석한다.

7. 노견의 배변훈련 과정이 성공적이지 못했다면 어떻게 대응해야 하는지 고르시오.

① 노견은 더 많은 시간이 필요하니까 그대로 밀고 나간다.
② 하루 이틀이 지나도 배변습관에 변화가 없다면 다른 방법을 사용한다.
③ 행동상담사나 수의사에게 문의하여 기타 질환으로 인한 문제점이 있는지 살핀다.
④ 나이가 많은 노견은 운동량이 떨어지니 너무 자주 배변 장소로 풀어주지 않도록 한다.

1. ① 2. ④ 3. ③ 4. ①④ 5. ① 6. ④ 7. ③

14장
문제행동예방을 위한 교육

학습개요

1. 문제행동예방을 위한 사회화 교육의 가장 중요한 포인트를 설명할 수 있다.
2. 가정 안에서 사회화 교육을 시킬 때 어떤 점을 주의해야 할지 설명할 수 있다.
3. 문제행동을 개선하기 위해서 취해야 할 방법과 보호자에게 어떠한 방법으로 교육할지 기획할 수 있다.

1. 사회화 교육

1) 개들의 사회화와 두려움

(1) 개들에게 사회화란?

- 사회화 시기는 보통 개는 3~12주, 고양이는 2~9주에 나타난다.
- 가장 효율적인 사회화 초기의 교육은 전반을 어미, 형제들과 함께 보내게 하여 종 특유의 커뮤니케이션 방법과 순위제의 구조 등을 학습하게 하는 것이다.
- 사회화 후기 교육은 인간 사회에서 생활하기 위한 다양한 자극에 대한 둔감화 교육이 좋다.
- 사회화 초기의 동물은 호기심도 왕성하여 신기한 환경이나 대상물에 순화하기 쉽지만, 사회화 후기로 갈수록 호기심은 경계심으로 변하며 새로운 대상과 상황을 접할 때 숨거나 불안해하기도 한다.
- 만일 이 중요한 시기를 어둡고 작은 크레이트 안에서만 자라거나 한정된 공간에서 특정 사람하고만 보내게 되면 이후 낯선 사람과 대상에 대해 과잉 공포심을 갖거나 겁 많은 동물이 될 수 있다.
- 사회화 교육의 포인트는 동물이 앞으로 마주하게 될 상황이나 환경, 혹은 대상에 대해 미리 경험시켜주어 민감한 반응을 둔감화시켜 주는 것이다.

사회화 교육에 경험시켜줄 내용 list

- **사람 적응**: 주인, 타인(남녀노소), 행인, 모자 쓴 사람, 우산 든 사람, 덩치 큰 사람, 검은 옷을 입은 사람, 큰 소리를 내는 사람, 뛰어가는 아이, 사방으로 움직이는 군중 등
- **동물 적응**: 개, 고양이, 다람쥐, 고라니, 말, 돼지, 소, 조류, 파충류 등의 다양한 동물
- **바닥 적응**: 잔디, 땅, 시멘트, 맨홀, 마룻바닥, 대리석, 카펫, 판벽, 계단, 빗길, 눈길 등
- **장소 적응**: 엘리베이터, 복도, 동물병원, 애견미용실, 애견호텔, 애견운동장, 공항, 쇼핑몰 등
- **소리 적응**: 경적 소리, 차 소리, 오토바이 소리, 천둥소리, 벨 소리 등
- **운송 적응**: 자동차 안, 버스 안, 기차 안, 비행기 안 등
- **환경 적응**: 농촌, 산촌, 도시, 바닷가, 크레이트(켄넬)에 갇힌 상태, 줄에 묶인 상태 등

(2) 개들에게 사회화기가 중요한 이유

- 개의 사회화는 일생을 통해서 계속되는 과정이며, 지속되어야 한다.
- 강아지 시기는 모든 것이 새로운 경험이다. 새로운 경험들은 개의 개성이나 기질 형성에 가장 큰 영향을 미친다.
- 개의 정상적인 사회성 발달에는 초기체험이 가장 중요하다. (생후 3~4개월)

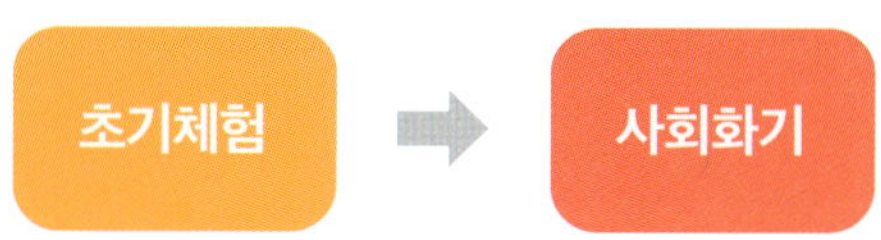

(3) 사회화가 잘 된 개들의 특징

- 다른 개들과 금방 친해져서 잘 어울린다.
- 때로는 싸우는 경우도 있지만, 일상적이고 사소한 경우이다.
- 싸웠다 하더라도 상대방에게 앙심을 품는 경우가 거의 없다.
- 개들은 싸우는 것보다 서로 즐겁게 노는 것을 더 좋아하기 때문이다.

(4) 야생에서 자란 강아지들의 사회화 과정

① 생후 한 달 정도의 강아지

- 호기심이 왕성하여 다양한 물건에 접근하여 살펴보고자 한다.
- 변화에 민감하게 반응하며 자신감을 갖고 접근한다.
- 움직이는 것이라면 어떠한 것이라도 쫓아다닌다.
- 주 상호작용하는 대상이 주로 동배나 함께 지내는 무리들 정도로 비교적 한정적이기 때문에 사람에 대한 교통 및 도시에 대한 사회화 교육이 필요하다.

② 생후 두 달 정도의 강아지

- 호기심을 갖고 접근하는 경향이 점차 감소하기 시작한다.
- 신기한 자극이나 익숙하지 않은 상황에서는 뒷걸음질 치며 물러난다.
- 기피현상이 초기에 보이던 접근경향보다 강해진다.
- 익숙한 상대와 유대관계는 돈독하고 낯선 상대에게는 비사교적이기 때문에 낯선 사람과 낯선 동물에 대한 사회화 교육이 진행되어야 한다.

(5) 사람과 가정을 이룬 강아지들의 사회화 과정

- 사회화를 습득할 결정적 시기에 교육이 멈춰진 채로 신체만 발달하게 된다.

- 이른 시기에 어미견과 분리되고, 동배견과 어울리지 못하고 떨어져 자라는 것은 사회성을 퇴화시킨다.
- 예방접종을 완료하지 못했다고, 집 안에서만 방치하는 것은 장차 정서적으로 큰 문제를 일으키며 사회적으로 고립될 수 있다.
- 비사회적 성향의 강아지는 장차 겁쟁이 개로 성장하게 되고, 반사회적인 성향의 강아지는 장차 공격적인 개로 성장할 수 있다. 이런 성향이 나타난 후에는 뒤늦게 사회화 교육을 진행하는 것은 상당히 비효율적이다.

2) 사회성을 저해하는 주인과 환경적 요인

사회성을 저해하는 주인들의 특징

- 주인이 강아지를 과잉보호하며 빈약한 사회적 환경 속에서 자라게 한다.
- 예방접종 시기에 다른 개들과 격리되는 것은 더욱더 사회성을 악화시킨다.
- 자신의 개에게 호감을 가지고 다가오는 개를 받아들이지 못하고, 보호하기 위해 무조건 안아 올린다.
- 자신의 개가 다른 개들에게 다가가면 무조건 떼어놓으려 한다.
- 겁먹은 강아지를 사회화시키려고 강제로 낯선 무리 안에 어울리게 한다.

(1) 사회성은 누구나 동일할까?

- 개가 다른 개나 낯선 사람을 대하는 방법은 견종에 따라 차이가 있다.
- 동일한 견종이라도 개체에 따라 기질의 차이가 크게 나타날 수 있다.
- 사회화 시기에 사회화 교육을 올바로 시켜주면 견종 및 개체의 기질 차이를 극복할

수 있다.

(2) 사회성 형성의 적절한 시기

• 생후 2개월까지는 동배견들과 함께 지내는 것이 좋다.
• 백신접종이 끝나기 전인 4~5주 동안 동배들과 사회화 연습이 가능하다.
• 생후 6~8주 정도 강아지라면 다른 개들과 사회화하기도 쉽고, 낯선 사람들과도 쉽게 사회화가 될 수 있다.

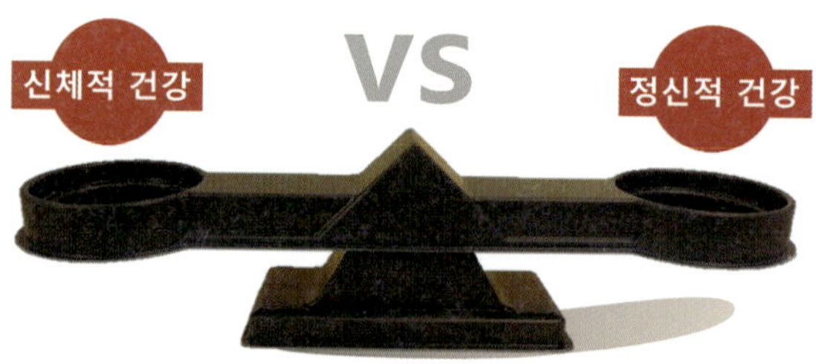

사회화 교육은 정신건강을 위한 예방접종

(3) 사회화를 제한하는 소형견 주인의 특징

• 소형견은 무조건 대형견을 무서워한다고 생각한다.
• 주인인 대형견이 나타나면 무조건 피하려고 하고, 아예 접촉하지 못하게 한다.
• 대형견을 마주하면 개보다 먼저 주인이 심장박동이 빨라지며 재빨리 끌어안는 등 불안을 야기시키는 행동을 한다. 이러한 주인의 행동은 대형견에 대한 안 좋은 기억을 심어주게 된다.

▶▶추천 방안: 안전하고 차분한 성향을 가진 중형견과 함께 어울리는 사회화 교육을 시작하여 점차 범위를 넓혀 다양한 생김새와 크기의 개들을 어울리게 한다.

(4) 사회화를 제한하는 대형견 주인의 특징

- 자신의 개가 누군가에게 달려들지 않을까 만남을 회피한다.
- 자신의 개를 스스로 컨트롤하지 못해 미리 접촉할 수 있는 기회를 차단한다.

▶▶추천 방안: 사회화 시기에 다른 개에게 조심스럽게 다가가는 방법을 가르치고, 사람을 만날 때 올라타지 않고 차분하게 대하는 교육을 진행한다.

3) 안전하게 사회화 교육시키는 방법

(1) 예방접종이 덜 끝난 강아지는 가정에서 사회화 교육을 시작한다.

- 예방 접종된 강아지를 집으로 초대하여 자신의 개와 어울리게 한다.
- 타인의 개가 집을 방문할 때에는 소독제로 개의 발을 닦아준 후, 어울리게 한다. 손님 역시 개를 만지기 전에는 소독제로 손을 세척하고 개를 만지게 한다.
- 한 모견에서 태어난 동배를 초대하여 어울리게 하면 강아지의 사회화는 훨씬 더 잘 진행된다.

(2) 놀이그룹은 다양하게 구성한다.

- 효과적인 사회화 교육을 위해 강아지들끼리 어울리도록 풀어주되, 사고가 발생하지 않는지 시시각각 관찰한다.
- 강아지 놀이 그룹은 3~8마리가 이상적이다. 겁이 많은 강아지에게는 비슷한 체구의 강아지와 그룹을 만들지만, 점차 익숙해지면 다양한 크기 및 연령의 개들과 그룹을 만들어주어 사회성을 확장시킨다.
- 소형견은 달아나기만 해서는 안 된다는 것을 배워야 하고, 대형견은 소형견을 대할 때 온화하게 접근하는 것을 배워야 한다.

(3) 놀이그룹이 형성되면 주인의 개입을 최소화한다.

- 무리하게 사회화시키려고 무턱대고 애견카페나 애견운동장을 찾는 것보다는 먼저 사회화 교육과 복종훈련을 진행한 후 방문하는 것이 바람직하다.
- 놀이그룹에서 강아지들이 어울릴 때, 주인은 불필요하게 개들 무리에 간섭하지 말고, 무의식적으로라도 바람직하지 않은 행동을 강화하지 않도록 주의해야 한다.
- 누구의 강아지라도 자신에게 처음 다가오면 쓰다듬어 주어 사람에 대한 경계심을 낮추고, 좋은 기억을 심어주는 것이 필요하다.

2. 퍼피 트레이닝과 기초예절교육

1) 퍼피 트레이닝 참가

- 퍼피 트레이닝에 참가하면 동종의 동물과 시간을 보내면서 종(種) 특유의 커뮤니케이션 방법을 배울 수 있다.
- 다양한 개체들과 어울리면서 우위가 취하는 행동, 열위가 취하는 행동 등 순위제에 대한 사회적 구조를 배울 수 있다.
- 젖을 빨리 뗀 강아지의 경우, 퍼피 트레이닝 클래스에 참가하여 부족한 사회성을 보충할 수 있다.
- 다른 강아지들과 함께 어울리며 동종 간의 커뮤니케이션 방법을 습득하여 사회성 부족으로 인한 공격성을 예방할 수 있다.
- 퍼피 트레이닝 클래스에서는 일반적인 예절교육 방법, 건강관리 방법과 더불어 문제행동에 대한 예비지식을 제공해주는 경우가 많으므로 문제행동을 조기에 발견할 수 있다.

퍼피트레이닝에서 학습할 내용 list

- 상대의 몸짓 이해하기
- 놀이상대의 반응으로부터 무는 강도를 배우기
- 사회적인 상호관계에서 규칙을 배우기
- 사람을 만날 때는 사람에게 올라타지 않고 예의바르게 인사하기
- 타인과 타견을 대할 때 자연스럽게 대하기
- 자신의 본능을 잠시 내려놓고 훈련자의 지시에 따르기
- 앉아, 엎드려, 기다려, 이리와 등 사람과 소통하는 기본적인 동작을 익히기

2) 기초예절교육 참가

- 기초예절교육을 배우면 주인과 반려견 사이에 보다 좋은 관계를 구축할 수 있게 된다.
- 기초예절교육으로 앞으로 발생할 수 있는 문제행동을 미연에 예방하는 효과를 얻을 수 있다.
- 기초예절교육은 애견훈련학교에 맡기는 위탁방법과 주인과 개가 함께 통학하며 배우는 방법이 있다.
- 예절교육의 핵심은 주인과의 관계, 가정에서의 적응, 사회에서의 적응이기 때문에 위탁교육을 맡기더라도 반드시 보호자가 자주 방문하여 직접 예절교육을 진행해보는 것이 좋다.
- 주인과 개가 함께 다니면서 배우는 방법은 초반에는 학습 속도와 능률이 더디게 나타날 수 있지만 문제행동 예방 차원에서는 훨씬 더 좋은 학습효과가 있다.

3) 핸들링 교육

(1) 개가 먼저 사람에게 다가가기

① 보호자가 친구를 집으로 초대한다.

② 대상은 성인 여성부터 시작하는 것이 좋다.

③ 초대한 방문객이 올 때까지 개는 방에 넣어 두는 편이 좋다.

④ 서 있는 것보다 쇼파나 의자에 앉아 있는 것이 좋으며 개를 응시하거나 말을 걸지 않도록 책을 읽거나 다른 행동을 하는 것이 좋다.

⑤ 개가 충분히 숨어서 방문객을 엿볼 수 있는 시간을 주어야 하는데 이는 개가 방문객에 대해 알아볼 수 있는 기회이자 방문객이 자신을 헤치지 않는다는 것을 알아차릴 수 있는 시간을 주는 것이다.

⑥ 개가 방문객에게 다가가려는 낌새를 보이지 않는다고 무리하게 강요하면 개를 스트레스 쌓이는 상황으로 내모는 것이다.

⑦ 방문객은 개를 완전히 무시하다가 개가 가까이 다가왔을 때만 칭찬한다.

(2) 개가 먼저 사람에게 접촉하기

① 개가 방문객에게 기쁘게 다가갈 수 있으면 방문객과 접촉을 해도 되는 시기이다.

② 접촉은 방문객이 의도적으로 하는 것보다 개가 자연스럽게 스스로 다가갈 수 있도록 자세를 취하는 것이 좋다.

(3) 사람이 부르면 개가 다가오기

① 개가 방문객에게 기꺼이 다가가면 다음 목표는 방문객이 불러서 개가 다가오게 하는 것이다.

② 먹고 다시 오는 훈련을 수차례 반복하여 개가 주저하지 않고 방문객 가까이에 다가와서 보상을 기다리게 만든다.

③ 방문객과 주인이 교대로 개를 부르면서 부르는 사람에게 다가가도록 훈련한다.

(4) 사람이 개에게 접촉하기

① 이 단계의 목표는 방문객이 먼저 개에게 접촉하는 것으로 개에게 보상을 주기 전 천천히 손을 뻗어서 부드럽게 개의 귀 뒤쪽을 쓰다듬어 준다.

② 만일, 개가 뒤로 물러나면 보상을 주지 말고 뒤로 물러서서 다시 개를 부른다.

③ 보상을 얻기 위해서는 사람이 자신을 만지게 해야 한다는 것을 깨닫게 된다.

④ 처음에는 한 번 쓰다듬어 주고 보상을 준다.

⑤ 다음에는 두 번, 그다음에는 세 번으로 점차 접촉하는 시간과 양을 조금씩 늘려간다.

(5) 사람이 개에게 다가가서 만지기

① 이 단계의 목표는 방문객이 개에게 다가가서 만지는 행동에 익숙해지게 하는 것으로 개가 방문객에게 다가오면 기다리게 한 후 보상을 주면서 귀 뒤쪽을 살짝 만져준다.

② 방문객은 한 발짝 뒤로 물러났다가 다시 앉아있는 개에게로 다가가서 보상을 주며 손으로 쓰다듬어 준다.

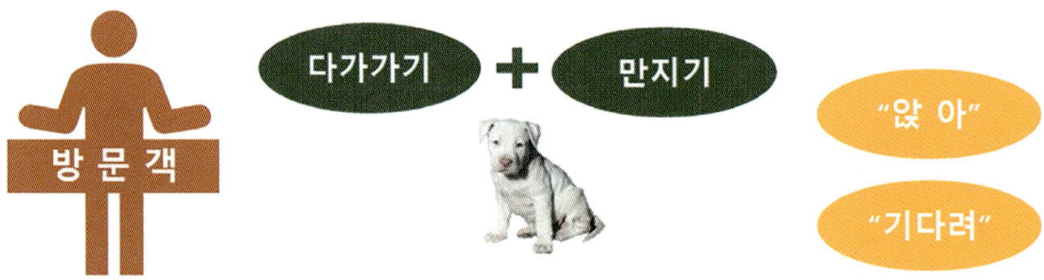

(6) 사람이 개에게 다가가서 핸들링하기

① 핸들링은 먼저 주인이 실시하고, 주인이 충분히 핸들링할 수 있으면 방문객이 하도록 한다. (개가 방문객에게 다가가 접촉을 하고, 방문객이 다가가서 개를 만질 수 있으면 핸들링을 시작할 수 있다.)

② 핸들링의 최종 목표는 낯선 사람이 개를 핸들링하더라도 개가 동요하지 않도록 하는 것으로 처음에는 비교적 넓고, 예민하지 않은 부위부터 만지도록 한다.

③ 넓은 부위에서 점차 좁은 부위로, 예민하지 않은 부위에서 예민한 부위로 점차 핸들링의 범위를 좁혀간다.

④ 개가 다양한 자세로 있게 하여 가볍게 만지거나 긁어 주거나 안아주기도 한다.

⑤ 개가 어느 부위를 만져도 기꺼이 편하게 받아들이도록 한다.

(7) 산책하며 타인과 핸들링하기

① 개가 산책을 두려워할 경우 무리하게 끌어당기면 안 된다. 허용된 범위, 허용된 시간 안에서 개가 자신의 페이스대로 할 수 있도록 해주는 것이 중요하다.

② 개가 자신감을 찾는 모습을 보이면 칭찬과 보상을 주며 다시 산책을 진행한다.
③ 한 장소에서의 탐색이 끝나면 다시 1~2미터 걷다가 멈추고, 개 스스로 주위를 살피며 탐색할 시간을 준다.
④ 개가 산책에 자신감이 생길 때 낯선 사람과의 스킨십도 시작한다.
⑤ 초반에는 처음 만나는 타인이 핸들링하는 것보다 집에서 연습하던 방문객이 타인 역할을 하는 것이 좋다. 이 방법을 사용하여 핸들링하면 개에게는 아는 사람을 만나는 즐거움으로 인식될 수 있다.

3. 인식 및 처우 개선

1) 주인의 문제점 인식

- 문제행동교정의 첫걸음은 주인이 문제라는 것을 인정하는 것에서부터 출발해야 한다.
- 실제 대다수의 경우, 반려견보다 주인이 문제일 경우가 많으며 주인이 바뀌지 않으면 문제행동을 교정할 수 없게 된다.
- 주인이 동물에 대한 지식과 경험이 부족하면 자신의 동물이 여러가지 행동학적 증상을 온몸으로 표현하고 있어도 인지하지 못하는 경우가 많다. (예: 섭식장애, 이기증, 상동행동 등)
- 주인이 사전에 이러한 행동학적 문제점을 발견하고, 원인과 증상을 전문가와 상의한다면 큰 불행을 줄일 수 있다.
- 주인과의 관계가 뒤틀려버린 동물은 치료가 힘들 수 있다. 주인과의 관계에서 발생한 문제행동 치료의 시작은 먼저 주인과 반려동물의 올바른 관계를 재정립하는 것

이다. 주인과 반려동물의 관계가 올바르지 않으면 어떠한 훈련방법도 어렵다.

2) 환경문제 개선

- 환경만 개선되어도 문제행동이 개선되는 경우가 많다.
- 환경은 장소만 국한되는 것이 아니다. 보호자를 둘러싼 지인, 이웃, 행인들 모두 환경으로 간주해야 한다.

학습정리

- 사회화 교육의 목적은 경험을 통해 자신감을 향상시켜주는 것이다.
- 교육 중 주인의 지나친 간섭은 강아지의 방어적 행동을 강화시켜 사회성을 퇴화시킨다.
- 문제행동을 개선하기 위해서는 적절한 반려동물의 선택, 충분한 사회화, 퍼피 트레이닝 참가, 기초예절교육 참가, 주인과 개의 관계구축, 환경문제를 개선하는 것이 있다.

1. 사회화가 잘 된 개들의 특징을 모두 고르시오.

① 다른 개들과 금방 친해져서 잘 어울린다.
② 사회화가 잘 된 개들은 어떠한 상황에서도 싸우지 않는다.
③ 싸웠다 하더라도 상대방에게 앙심을 품는 경우가 거의 없다.
④ 사회화가 잘된 개들은 싸우는 것보다 서로 즐겁게 노는 것을 더 좋아한다.

2. 사회성 형성의 적절한 시기에 대한 설명 중 틀린 것을 고르시오.

① 생후 3~4개월이 지나고 나면 동배견들과 함께 지내는 것이 좋다.
② 백신 접종이 끝나기 전에는 동배들과 사회화 연습이 가능하다.
③ 사회화 시기가 끝난 개들에게 다시 사회화 교육을 할 수는 있지만 시간과 정성에 비해 효과가 미비하니 적정 시기를 놓쳐서는 안 된다.
④ 생후 6~8주 정도 강아지라면 다른 개들과 사회화하기도 쉽고, 낯선 사람들과도 쉽게 사회화가 될 수 있다.

3. 안전하게 사회화 교육시키는 방법으로 옳지 않은 것을 고르시오.

① 그룹을 만들어 한정된 개들만 어울리게 한다.
② 놀이 그룹이 형성되면 주인의 개입을 최소화한다.
③ 사회화 그룹 안에 동배를 초대하면 훨씬 더 잘 진행된다.
④ 대형견은 소형견을 대할 때 온화하게 접근하는 것을 배워야 한다.

4. 핸들링 교육의 방법을 순서대로 나열하시오.

(ㄱ) 사람이 부르면 개가 다가오기
(ㄴ) 개가 먼저 사람에게 다가가기
(ㄷ) 사람이 개에게 다가가서 만지기
(ㄹ) 개가 먼저 사람에게 접촉하기
(ㅁ) 낯선 사람이 다가와서 개를 만지기
(ㅂ) 사람이 개에게 접촉하기
(ㅅ) 사람이 개를 원하는 대로 다루고 리드하기

5. 문제행동 예방을 위한 마음가짐으로 옳지 않은 것을 고르시오.

① 환경만 개선되어도 문제행동 치료에 매우 효과적이다.
② 주인과 반려동물의 관계가 올바르지 않으면 어떠한 훈련방법도 어렵다.
③ 반려견보다 주인이 문제행동의 원인일 수 있다.
④ 문제행동 예방을 위한 환경 개선 시 환경이란 시설, 도구, 바닥 등 장소를 뜻한다.

1. ①③④ 2. ① 3. ① 4. (ㄴ)-(ㄹ)-(ㄱ)-(ㅂ)-(ㄷ)-(ㅅ)-(ㅁ) 5. ④

15장
문제행동수정과 환경개선

학습개요

1. 문제행동 발생 전후의 대처요령을 파악할 수 있다.
2. 행동수정과 행동교정의 차이점을 구별할 수 있다.
3. 올바른 행동에 대한 강화계획을 수립할 수 있다.
4. 문제행동 개선을 위해 다양한 풍부화 전략을 펼칠 수 있다.

1. 다양한 문제행동의 종류와 원인

정글의 법칙이 지배하는 생태계를 떠올려보면 야생 개는 아침부터 먹잇감을 구하기 위해서 들로 산으로 헤매며 하루에도 무수한 생사의 갈림길에서 악전고투하며 달리고 쫓고 도망치고 짖기를 반복한다. 앞발로 땅도 팠다가 짝을 만나 교미도 했다가 새끼도 낳아 무리를 이루었다가 다시 무리를 이탈하여 살아가야 하는 적자생존의 한복판에 놓여 있다. 적대적 상황에 직면했을 때에는 싸울 것인지 도망칠 것인지(fight or flight)를 판단해야 하고, 우호적 상황에 직면했을 때에는 거기서 안주할 것인지 번식할 것인지(brood or breed)를 결정해야 한다.

반면 실내에서 주인이 주는 따뜻한 잠자리와 규칙적인 식사, 건강까지 생각한 다양한 간식을 받아 생활하는 반려견들은 위의 모든 상황에서 자연스럽게 면제된다. 먹이 사냥이나 잠자리 마련 같은 골치 아픈 문제는 더 이상 그의 소관이 아니다. 생존의 절대 위협이 되었던 경쟁자도 포식자도 없다. 주변에는 자신을 아끼고 사랑하는 사람들로 가득하다. 가끔 애교라도 살짝 부려주면 귀엽다고 물고 빨고 난리를 친다. 매일 규칙적으로 주어지는 먹이와 사랑은 그렇게 반려견을 생존에 필요한 행동을 할 필요가 없는 환경 속으로 밀어 넣었다. 아무런 힘도 들이지 않고 너무나 쉽게 얻은 여러 환경들은 어느 순간부터 반려견에게 독으로 작용하기 시작한다. 지루하고 자극 없는 삶의 연속이다. 달아날 필요도 뒤쫓을 필요도 없어졌다. 땅을 파서 먹이를 묻거나 숨길 필요도 없어졌다. 반려인과의 동거는 종의 특성을 발휘할 수 있는 환경을 제대로 얻지 못하게 되었다.

제때 식사를 제공해 주고 따뜻한 잠자리를 깔아주며 아플 때 동물병원에 데리고 가면 모든 것이 해결되었다고 생각한다면 큰 착각이다. 우리가 마주하는 반려견의 문제행동은 대부분 종특이성을 자극하고 격려하는 방향이 아닌 개가 지닌 본연의 행동 양식을 억제하고 금지하는 방향으로 개를 길들였기 때문에 비롯한 것이다. 개라면 짖고 달리는 것은 당연하다. 문제행동 교정의 첫 출발은 바로 이 지점에서 시작되어야 한다. 터그 놀이를 통해 반려견의 물고 뜯는 본성을 살려줄 수 있고, 간식을 주더라도 집안 곳곳에 숨겨서 후각을 사용하여 하나씩 찾게 하여 개 특유의 사냥 본능을 일깨워줄 수 있다. 다양한 사람과 다양한 환경에서 다양한 자극을 통해 개 스스로 사회화를 지속하고, 적극적인 야외 액티비티를 통해 모험심과 활동성을 키워주어야 한다. 물론 이러한 활동은 얼마든지 실내에서부터 시작할 수 있다.

활동량이 부족한 반려견이 집안의 물건을 망가뜨리고 주변의 기물을 어질러 놓는 것이다. 여기저기 움직이지 못해 좀이 쑤시는 강아지를 온종일 방에만 가둬 놓는다고 생각해 보라. 넘치는 에너지를 주체할 수 없는 반려견이 더욱 흥분하기 쉽고, 그로 인해 문제행동을 일으킬 가능성이 높다. 놀이는 강아지들의 사회화 과정에 있어 중요한 수단이다. 개들은 놀이를 통해 서로 관계를 만들고 소통하는 법을 배운다. 또래와 어울리는 가운데 다양한 행동을 보고 배우고, 윗세대로부터 먹이를 사냥하는 법, 땅을 파는 법, 그 밖에 육아와 교미, 생존에 필요한 지식을 전수받는다.

2. 문제행동 해결의 열쇠

문제행동이 생겼을 때는 그것이 무엇이 되었든지 아주 작은 문제라도 빨리 대처해서 해결해야 한다. 미적거리다가는 나중에 함께 살 수 없을 정도로 커다란 문제가 될 수 있다. 반려견의 문제행동이 무서운 이유는 반려견이 파양을 당하거나 유기되는 80%의 경우가 이와 같이 고쳐지지 않는 문제행동에 기인하기 때문이다. 처음에는 예뻐서 데리고 온 반려견이 예상치 못한 문제행동으로 점차 짐처럼 느껴지게 되고, 급기야 미워지기 시작한다. 미움은 학대나 유기로 이어질 수도 있기 때문이다.

문제행동을 어떻게 하면 빠르고 확실하게 해결할 수 있을까? 우선 문제행동을 3단계로 나누어 생각해 봐야 한다. 문제행동 이전, 문제행동 도중, 문제행동 이후, 이렇게 3단계로 쪼개서 각기 다른 처방과 대처가 필요하다.

1) 예방이 문제에 선행한다

예방이 최선이다! 문제행동을 해결하는 첫 번째 원칙은 문제행동이 일어나기 전에 미리 예방하는 것이다. 환경이 문제행동을 잉태한다. 반려견을 키우는 보호자라면, 내 아이가 생활 속에서 느낄 수 있는 여러 문제점과 불편함을 먼저 인식하고 발 빠르게 대처해야 한다.

2) 문제를 보면 바로 제지시키기

반려견이 문제행동을 보인다고 실망할 필요가 없다. 어떻게 그럴 수 있는지 강아지에게 낙담하기보다 문제행동을 보일 때 바로 중단시키는 것이 중요하다. 제일 먼저 보호자가 호들갑을 떨지 말아야 한다. 반려견이 전에 하지 않던 행동을 하고 소동을 일으키면 대번 보호자는 흥분해서 강아지에게 짜증을 내거나 필요 이상의 감정을 드러내기 쉽다. 심지어 강아지를 혼내거나 회초리를 들고 야단치는 경우도 있다. 우리가 생각하는 것 이상으로 개는 사람의 반응에 민감하다. 보호자가 자신의 행동 하나하나에 과도한 반응을 보이면, 개는 그 상황을 자신의 행동의 결과로 인식하기보다 자신을 감정의 지배자로 간주하게 된다. 따라서 반려견이 문제행동을 한다면, 마치 아무 일도 아닌 것처럼 행동하되 바로 제지하는 것이 좋다.

3) 지나간 문제로 화내지 않기

이미 엎질러진 물은 다시 컵에 담을 수 없듯이 사람이 없는 사이 이미 반려견이 문제행동을 보인 상황이라면 어쩔 수 없이 다음을 기약하는 것이 현명하다. 문제행동에 대한 정확하지 않은 처벌의 방식은 강아지에게 큰 효과가 없다. 종종 강아지들이 잘못을 저지르고 나서 죄책감을 느끼는 듯한 표정을 지을 때가 많다. 하지만 대개의 경우, 개는 자기가 무엇을 잘못했는지 전혀 알지 못한다. 반려견의 표정은 지극히 인간의 관점에서 강아지에게 감정을 투사한 것에 불과하다. 개는 자신의 지나간 행동을 현재와 연관 지어서 생각하지 못한다. 당연히 과거에 대한 후회도 반성도 없다. 주인은 강아지를 따끔하게 혼내면 다음부터 안 그럴 것이라고 착각한다. 반려견에게 죄의식과 반성을 기대한다는 것은 무리이다. 이와 관련된 여러 연구 결과들도 이러한 사실을 뒷받침한다. 어떤 경우에는 퇴근하고 집에 돌아왔을 때 난장판이 되어있는 방을 보고 홧김에 반려견에게 손을 대는 보호자도 있다. 주인 왔다고 꼬리를 흔들며 달려갔던 반려견은 왜 주인이 자신을 때렸는지 전혀 알지 못한다.

문제행동의 3단계와 그 대처방법

문제행동 이전	문제행동 도중	문제행동 이후
예방이 최선	제지나 중단	다음을 기약
다양한 문제행동의 상황을 미리 설정하여 두고 그에 맞는 다양한 교육과 훈련을 시켜야 함	문제행동에 따라 다양한 솔루션을 시도할 수 있으며 지속적인 관찰로 문제행동의 정도가 완화되어야 함	문제행동이 벌어진 이후에 타이밍이 늦은 처벌은 무의미하기 때문에 차라리 재발 방지에 최선을 다하는 것이 바람직함

4) 문제에는 그에 맞는 해결책이 있는 법

반려견에게 책임을 묻기 전에 보호자부터 정확한 반려견의 행동을 알아야 한다. 모든 문제에는 그에 맞는 해결책이 있기 때문이다. 반려견은 잘된 학습도 빠르게 익히지만, 잘못된 교육도 빠르게 접수한다. 무서운 것은 나의 부주의가 암암리에 반려견에게 문제행동을 주입하고 강화하고 있다는 사실이다.

3. 행동수정과 행동교정

1) 행동수정과 행동교정의 차이점

문제행동을 다룰 때 행동교정이라는 단어를 많이 사용하는데 행동교정과 행동수정은 어떠한 차이가 있을까? 교정(correction)은 A라는 행동을 없애는 것이라면, 수정(modification)은 A라는 행동을 B라는 행동으로 바꾸는 과정이다. 반려견이 안고 있는 많은 문제행동들 중에는 교정이 아니라 수정으로 접근해야 하는 경우가 많다. 동물의 관점에서는 본능에 의한 행동이기 때문에 못하게 막으면 욕구가 충족되지 않아 다시 재발되거나 혹은 다른 행동으로 발현된다. 이럴 때는 '없애겠다(remove)'라는 관점보다는 '다른 행동으로 바꿔주겠다(change)'라는 관점이 훨씬 효과적이다. 즉, '어떻게 하면 못 짖게 하지?'보다는 '짖는 행동 대신 어떤 행동을 하게 해줄까?'가 문제행동에 더 바람직하다는 말이다.

행동수정은 꼭 문제행동이라는 전제조건이 아니어도 A라는 행동을 B로 바꾸는 방식, 혹은 A에서 조금 더 단계를 높이기 위해 A'로 바꾸는 방식이다. 하지만 행동교정은 전제조건이 꼭 잘못된 행동이라는 것이 따라야 한다. 잘못된 것을 바로잡는다는 의미의 교정이기 때문에 일반적으로 범죄심리학에서 자주 등장하는 용어이기도 하고, '교정심리학(correctional psychology)[1]'이라는 분야도 있다.

1 교정심리학 – 범죄자 · 비행소년을 교정 · 재교육하고 갱생시켜 건전한 시민으로서 사회에 복귀시키는 것을 연구 목적으로 하는 분야로 다시는 범죄를 저지르지 않게 하는 교육과 행동의 교정을 다루는 학문

교정과 수정의 차이

교정 correction	수정 modification
• 잘못된 행동을 없앤다 • 행동 A → ∅	• 한 행동을 다른 행동으로 바꾼다 • 행동 A → 행동 B 혹은 A'

우리가 문제시하고 있는 많은 문제행동은 실제 개의 입장에서는 당연히 할 수 있는 행동이지만 우리가 불편한 것들이 많다. 하지만 우리가 싫다고 해서 동물의 그 본능을 없앨 수 있을까? 매우 어렵다. 그렇기에 문제행동을 없애겠다는 '제거(remove)'의 관점으로 접근하면 성공할 확률이 작아지지만 다른 행동으로 바꾸겠다는 '개선(change)'의 관점으로 접근하면 성공률은 높아질 수 있다. 그러니 질문 자체를 바꾸어야 한다. '짖는 것 어떻게 없애요?'가 아니고, '짖는 행동 대신 어떤 행동을 가르칠까요?'가 훨씬 더 효과적이다.

이렇게 우리가 행동수정과 행동교정의 차이를 알고, 또 어떤 행동은 교정을 해야 하고, 어떤 행동은 수정을 해야 하는지 분석할 줄 알게 되면 무수히 많은 반려견과 보호자들이 불필요한 시행착오와 시간 및 돈 낭비를 막을 수 있다.

2) 행동수정(behavior modification) 전략

• 문제행동을 바람직한 행동으로 수정시키는 것

(1) 조형

• 점진적 접근법

• 목표 행동을 쉬운 단계부터 점차적으로 달성할 수 있도록 여러 단계로 나누고, 각

단계마다 강화물을 제공

예 수영 배우기, 구구단 외우기

(2) 차별강화(differential reinforcement)

- 유기체의 행동 중에 바람직한 행동에만 선택적으로 강화하고 다른 행동에 대해서는 무관심한 반응을 보임

(3) 토큰제도(token system)

- 특정 행동에 대한 강화물로 토큰을 사용하고 후에 학생들이 다른 물건과 교환할 수 있도록 하는 방법
- 토큰 경제(token economy)라고도 함

4. 강화와 처벌

1) 조작적 조건화의 원리

(1) 강화의 원리

동물에게 있어서 보상(강화적 자극)이 따르는 행동은 반복하는 경향이 있다. 즉, 행동은 그 행동의 결과에 의해 지배를 받게 되어 유기체가 한 행동이 만족스러운 결과를 가져올 때 더욱 강하게 반복하는데 이를 강화라 한다.

예 코코가 앉을 때마다 간식을 주면 코코는 주인만 보면 앉는다.

(2) 소거의 원리

일정한 반응 뒤에 강화가 주어지지 않으면 반응은 사라진다. 예컨대 집 안 청소를 하면 부모님으로부터 칭찬과 함께 용돈을 받은 아이가 어느 순간부터 청소를 해도 부모님으로부터 칭찬이나 용돈을 받지 못하자 청소하던 행동이 사라지게 되는 것을 들 수 있다.

예 코코가 앉아도 주인이 더 이상 간식을 주지 않자 코코는 주인을 봐도 앉지 않게 되었다.

(3) 조형의 원리

조형이란 복잡하거나 새로운 행동을 단계적으로 학습하면서 목표행동을 형성하는 것으로 행동의 목표를 여러 단계로 쪼개어 순차적으로 학습하는 것을 말한다.

2) 올바른 처벌과 강화전략

	유쾌자극	불쾌자극
정적 (제공)	정적강화[행동유발] 유쾌자극을 제공	정적처벌[행동약화] 불쾌자극을 제공
부적 (제거)	부적강화[행동유발] 유쾌자극을 제거	부적처벌[행동약화] 불쾌자극을 제거

(1) 강화의 원리 적용

- 동물이 바람직한 행동을 할 때는 보상을 주어 바람직한 행동을 강화한다.
- 강화의 효과는 개체 차이가 있다.
- 강화는 행동 직후에 제시한다.
- 작은 강화물을 자주 주는 것이 큰 강화물을 한 번 주는 것보다 효과적이다.

- 바람직한 행동을 한 후에 강화를 준다. (강화를 주고 바람직한 행동을 하게 하는 것이 아니다)
- 개체의 노력에 상응하는 보상을 준다.

(2) 처벌의 적용

- 불쾌한 자극을 제공하는 정적처벌 대신 좋아하는 자극을 제거하는 부적처벌이 효과적이다.
- 그릇된 행동의 동기가 강할 때는 벌보다는 강화인을 찾아서 없애주는 것이 더 효과적이다.

3) 강화계획

(1) 계속적 강화(연속강화)

- 원하는 행동을 할 때마다 매번 강화물을 제공하는 방법
- 학습 초기 단계에서는 가장 효과적임

(2) 간헐적 강화

- 원하는 행동을 할 때 강화물을 매번 주는 것이 아닌 불규칙적으로 제공하는 방법
- 학습된 행동을 유지하는 데 효과적임

① 고정간격계획(fixed interval, FI): 일정한 시간 간격을 두고 강화물을 제공

- 일정한 시간마다 규칙적으로 강화물을 제공하는 방법

  예 월급, 주급, 중간고사, 기말고사

② 변동간격계획(variable interval, VI): 다양한 시간 간격을 두고 강화물을 제공

- 일정한 시간마다 강화물을 주는 것이 아닌 불규칙적으로 제공하는 방법

  예 낚시, 쪽지시험

③ 고정비율계획(fixed ratio, FR): 정해진 횟수만큼 행동을 할 때 강화물을 제공

- 일정한 횟수마다 규칙적으로 강화물을 제공하는 방법

  예 카페 쿠폰, 성과급 보수제도

④ 변동비율계획(variable ratio, VR): 비율이 일정하지 않아도 강화물을 제공

- 일정한 횟수마다 강화물을 주는 것이 아닌 불규칙적으로 제공하는 방법

  예 도박, 로또

(3) 강화계획의 적용

- 계속적 강화계획을 사용하다 강화가 중단되면 소거현상이 나타날 수 있다.
- 간헐적 강화계획은 계속적 강화계획보다 소거현상이 덜 일어난다.
- 고정 강화계획을 사용하면 동물은 강화물 제공의 시점을 알게 되어 집중력이 떨어질 수 있으나, 변동 강화계획을 사용하면 언제 강화물이 나올지 모르니 더욱 집중할 수 있다.

(4) 프리맥 원리의 적용

- 선호도가 높은 행동을 선호도가 낮은 행동의 강화물로 사용한다.

  예 선호도가 높은 행동: 산책 시 고양이 쫓아가기

  선호도가 낮은 행동: 산책 시 주인이 부르면 주인에게 가기

• 동물이 선호하는 행동과 선호하지 않는 행동의 발생빈도를 체크해야 하고, 행동의 빈도를 고려한 리스트를 작성한다.

5. 효과적인 문제행동 개선을 위한 풍부화 전략

본래 '풍부화(enrichment)'라는 용어는 동물원 사육지를 중심으로 생겨난 개념이었다. 이 개념은 영장류 연구의 선구자로 꼽히는 심리생물학자 로버트 예르키스(Robert Mearns Yerkes)에 의해 처음 소개되었고, 동물행동학자 할 마코위츠(Hal Markowitz)에 의해 정착되었다. 이들로 인해 전 세계 동물원은 단순히 동물들을 가둬두는 수동적인 역할에서 벗어나 행동과 자극의 풍부화를 통해 동물의 신체와 정서적 건강을 확보하고 그에 맞는 훈련을 제공할 수 있게 되었다. 더불어 철창에 갇힌 동물에게 단순히 죽은 사료를 던져주는 것이 아닌 종의 특성에 맞게 적극적인 먹이 활동을 제시하고 식량 포획이나 각종 재료, 도구 사용 같은 다양한 프로그램을 활용하게 되었다.

이처럼 동물복지와 생태에 대한 관심과 연구가 활발해지면서 풍부화 개념은 '행동풍부화(behavioral enrichment)'와 '환경풍부화(environmental enrichment)' 같은 방식으로 넓어졌다. 이는 본래 야생에서 경험했던 신체-정신적인 자극들을 구현하고 자연과 유사한 냄새와 소리에 반응할 수 있도록 동물의 행동 습성을 유도하는 작업이다. 개가 야생에서 생활할 때에는 시간과 에너지를 들여 먹이를 찾아 헤매고 생애 주기와 발달 단계에 따라 자연에서 짝짓기하며 자손을 번식시켰다. 하지만 인간과 함께 살면서 더 이상 보금자리를 만들거나 애써 먹이를 찾을 필요가 없어지면서 이러한 본능적인 환경풍부화를 제대로 얻지 못하게 되었다. 이 과정에서 개의 본능, 이를테면 동료를 향해 컹컹~짖거나 도망치는 먹잇감을 달려가 이빨로 낚아채는 종특이(種特異)적 행동을 발현할 기회를 가질 수 없었다.

개와 인간이 함께 살아가기 위해 어쩔 수 없이 개가 지니는 종특이성을 억제시켜야 하는 경우가 훨씬 많다. 개는 본래 짖도록 되어 있다. 울지 않는 아기가 없듯이 짖지 않는 개란 없다. 그런데 시도 때도 없이 개가 짖어대는 본능 때문에 주변에 불만이 쌓이고 이웃 간 분쟁이 일어난다면, 어떻게 해야 할까? 이 때문에 짖음 방지용 목걸이, 성대 스프레이를 사용하거나 심지어 반려견의 성대를 끊어내는 수술도 행해지고 있다. 오죽하면 성대 제거 수술을 하느냐 말이 많지만, 소음 때문에 우울증 및 만성 두통을 호소하는 주민들의 입장이라면 어느 정도 이해되기도 한다. 수술을 해서라도 강아지를 끝까지 포기하지 않겠다는 보호자의 마음을 헤아려 본다면, 수술대에 반려견을 올리는 주인의 심정이야 오죽할까 싶다. 실지로 유기견센터에 모이는 상당수의 강아지들이 이처럼 짖는 문제로 파양되거나 유기된다.

다만 여기서 핵심은 이러한 일에 대한 '예측'이다. 반려견을 기르면서 이 정도 상황은 미리 예측하고 예상했어야 한다는 것이다. 보호자들 중에는 순간의 기분에 따라 강아지를 집에 들였다가 미처 이러한 예상과 이해가 없어 뜻하지 않게 난처해지는 경우가 종종 있다. 예측만한 예방도 따로 없다. 예상 다음으로는 '교육'이다. 그러한 상황이 나에게도 얼마든지 일어날 수 있으니 미리 교육으로 대비하고 예방할 수 있어야 한다. 그와 동시에 '환경'이다. 개는 수평적인 동물로 다양한 신체 활동을 할 수 있는 공간이 절대적으로 필요한데, 이러한 환경의 중요성은 간과한 채 그저 나만 좋으면 된다고 착각하는 보호자들이 너무 많다.

예측, 교육, 환경 전략

예상	교육	환경
• 짖을 수 있다 • 털이 날릴 수 있다 • 아플 수 있다 • 불편할 수 있다 • 번거로울 수 있다	• 배변 교육 • 기초 훈련 • 복종 훈련	• 환경풍부화 • 인지풍부화 • 사회성풍부화 • 감각풍부화

반려견을 키우려면, 보호자는 미리 예상하고 교육하며 주변 환경을 따져봐야 한다.

환경풍부화는 이처럼 반려견을 둘러싸고 있는 예상과 교육, 환경이라는 요소들이 충분히 이해되었을 때 실현될 수 있다. 시끄러워서 강아지의 성대를 제거한다 해도 개가 양이 될 수는 없는 노릇이다. 짖지 못하는 개는 자신의 본능을 발휘할 곳을 찾지 못해 다른 곳에 화풀이할 수 있다. 아파트가 대부분인 우리나라 주거 형태의 특성상 반려인과 반려견 그리고 비반려인이 함께 공생하기 위해서는 어쩔 수 없이 개의 종특이성을 일정 부분 포기해야 하는 것 아니냐는 입장을 모르는 바 아니다. 다만 반려견에 대한 사회적 인식과 반려문화에 대한 성숙한 관용, 당사자 간의 합의가 전제되지 않은 채 모든 희생을 개의 몫으로만 돌리는 것은 여러모로 고민해 볼 필요가 있다.

반려견의 이상행동과 상동행동을 최소화하기 위해서는 실제 종의 생존과 번식에 관련된 자연스러운 행동을 할 수 있도록 실내 환경을 풍부하게 만들어주는 것이 필요하다. 풍부화의 목표는 정도를 벗어난 행동을 감소시키거나 제거하기 위해 종에게 요구되는 적절한 행동의 기회를 제공하는 것이다. 또한 만성적인 스트레스의 잠재적인 원인을 감소시키고 자연에 가까운 먹이 활동을 할 수 있도록 최대한 복잡하고 예측할 수 없는 환경을 제공함으로써 종특이적 행동을 증진시키는 것이다. 사료도 평이하게 주는 것이 아니라 모험적이고 자극적인 방식으로 제공하여 반려견 스스로 먹이를 찾아다니도록 하는 것, 애견카페나 공원에서 다른 강아지들과 정기적으로 만나서 뛰어놀 수 있는 시간을 주는 것, 향신료나 다양한 냄새, 다른 강아지의 분뇨 등을 통해 반려견이 늘 후각을 활용할 수 있도록 하는 것이 모두 행동풍부화이다. 반려견을 위한 놀이터를 만들 외부 공간이 있다면, 진흙 구덩이나 그늘막, 나뭇가지 등을 조성하여 강아지가 다양한 환경을 느끼고 살아갈 수 있게 배려해주는 것도 좋다. 강아지가 다양한 지형 환경에서 마음껏 뛰어놀고 야생의 본능과 모험심을 충족시킬 수 있는 상황을 만날수록 생활 중에 문제행동이 불거질 확률이 현저하게 줄어든다. 이처럼 풍부한 실외 환경을 만들 수 없는 보호자라도 실망할 필요가 없다. 실내에서도 얼마든지 환경풍부화를 실험해 볼 수 있기 때문이다. 보호자가 조금만 세심한 주의를 기울인다면, 평면적이고 단선적인 실내 환경도 수직적이고 다양한 공간으로 변신할 수 있다. 평범하게 그릇에 주던 사료를 여기저기 흩어주거나, 종이나 천에 싸서 숨겨두어 강아지가 노즈워크로 하나씩 찾도록 배식 환경을 조성할 수 있다. 집에 온 택배 상자를 버리지 말고 모아 두었다가 사료와 간식을 넣어 두어 집안 구석구석 배치하면 실내도 멋진 급식 환경으로 탈바꿈할 수 있다. 평소 바빠서 이런 부분까지 신경 쓸 겨를이 없다면 '콩'이나 장난감을 이용하여 사료를 주거나 사료를 주는 시간을 변경하기, 아니면 급여대의 위치를 바꾸어주는 단순한 변화만으로도 환경풍부화에 근접할 수 있다.

또한 반려동물용 향신료, 허브, 아로마 오일이나 다른 강아지의 냄새를 이용한 후각 자극을 통해 강아지 양육 환경을 업그레이드할 수 있다. 개는 본래 산책의 욕구만큼이나 냄새를 맡고 싶은 욕구도 가지고 있다. 산책을 하며 동료 강아지가 마킹해 놓은 냄새도 맡고, 옆집 강아지 꽁무니를 졸졸 따라다니며 항문에서 나는 냄새도 맡고, 실내에서는 맡을 수 없는 흙냄새와 낙엽 냄새, 기타 다양한 냄새들에 노출될 필요가 있다. 집안에서도 자주 외부 흙이나 물건들을 들여서 새로운 냄새에 반려견의 후각이 자극받을 수 있도록 배려해야 한다. 이처럼 풍부한 환경에서 생활하는 반려견은 신체적, 정서적 안정을 얻기 때문에 보다 정상적으로 행동한다.

1) 풍부화(enrichment)의 이해

(1) 행동풍부화의 개념

- 동물행동풍부화란 동물의 환경 및 사육을 동물의 입장에서 개선하고 강화하는 것
- 제한된 사육환경이나 부족한 자극으로 인해 발생하는 동물의 무기력 증상 및 비정상적인 행동을 감소시키고, 행동 기회가 늘어나 정상적이고 건강한 행동을 할 수 있도록 유도하는 것

(2) 행동풍부화의 목표

- 동물이 종 특이적인 행동을 할 기회 늘리기-야생에서 보이는 자연행동의 패턴을 그대로 보이기
- 제한된 사육환경에서 스스로 선택에 의해 지루함을 덜어주고 정신적 건강을 증진시키기
- 정형행동 등 문제행동의 치료

2) 풍부화(enrichment)의 종류

(1) 사회성 풍부화

- 다른 개체와 만나 사회행동을 유도하고 사회성을 기르는 프로그램
- 산책이나 애견카페, 동호회 등을 통해 놀이친구를 만들고 사회성을 향상
- 동물인형, 봉제장난감 통해 사회행동 유도

(2) 인지 풍부화

- 다양한 매개물을 통해서 스스로 생각하고 판단할 수 있도록 정신적 자극을 주는 프로그램
- 콩 장난감이나 퍼즐 먹이통 등을 이용하여 인지능력을 향상

(3) 환경 풍부화

- 일반적인 생활 공간에 환경적 변화를 주어 탐색하고 상용하면서 다양한 행동양상을 유도하는 프로그램
- 기후 변화로 인한 온도와 환경을 적절하게 조절

(4) 감각 풍부화

- 촉각, 후각과 미각, 청각, 시각 등 다양한 감각기관을 자극해줄 수 있는 매개물이나 환경을 제공하는 프로그램

학습정리

- 문제행동을 해결하는 첫 번째 원칙은 문제행동이 일어나기 전에 미리 예방하는 것이다.
- 행동수정 전략을 사용하여 문제행동을 바람직한 행동으로 수정시킬 수 있다.
- 동물이 바람직한 행동을 할 때는 보상을 주어 바람직한 행동을 강화한다.

1. 문제행동 해결의 방법으로 보기 어려운 것을 고르시오.

① 어떠한 교정 방법보다 예방이 훨씬 더 중요하다.
② 반려견의 문제행동을 발견하면 보는 즉시 제지하는 것이 좋다.
③ 이미 지나간 문제행동의 결과로 화를 내거나 혼을 내어서는 안 된다.
④ 반려견이 전에 하지 않던 행동을 하고 소동을 일으키면 원인을 파악해야 하기 때문에 문제행동을 종료할 때까지 조용히 관찰자의 시선으로 냉정하게 관찰한다.

2. 쉬운 단계부터 점차적으로 달성할 수 있도록 여러 단계로 나누고, 각 단계마다 강화물을 제공하여 목표행동을 만드는 것을 무엇이라고 하는지 고르시오.

① 강화 ② 조형
③ 모방 ④ 경험

3. 이미 강화된 행동이 더 이상 강화가 주어지지 않으면 반응은 사라지는 것을 무엇이라고 하는지 고르시오.

① 조형 ② 체벌
③ 소거 ④ 차별강화

4. 다양한 시간 간격을 두고 강화물을 제공하는 것을 무엇이라고 하는지 고르시오.

① 고정간격계획
② 변동간격계획
③ 고정비율계획
④ 변동비율계획

5. 선호도가 높은 행동을 선호도가 낮은 행동의 강화물로 사용하는 것을 무엇이라고 하는지 쓰시오.

1. ④ 2. ② 3. ③ 4. ② 5. 프리맥의 원리

16장 반려동물 고객상담학

학습개요

1. 동물행동분야에 상담이라는 학문이 필요한 이유와 상담의 요소가 더해졌을 때 일어날 수 있는 효과를 설명할 수 있다.
2. 전문적인 상담자가 갖추어야 할 자질과 주요목표에 대해 이해할 수 있다.
3. 동물의 문제행동에 대한 원인 분석 및 해결방안을 모색하여 보호자 교육을 실시할 수 있다.
4. 반려동물행동상담학에서 상담자란 무엇이고, 내담자(보호자)란 무엇인지 그 의미와 역할에 대해 이해하고, 실천할 수 있다.

1. 상담학의 개요

1) 상담의 기본개념

(1) 상담의 정의

상담이란 전문적으로 훈련받은 사람이 도움을 필요로 하는 내담자(보호자)[1]에게 상호작용을 통하여 문제해결을 도와 바람직한 변화를 만드는 과정이다. 내담자(보호자)와 지속적, 직접 접촉에 의해 내담자(보호자)의 태도와 행동을 변화시키는 과정이다.

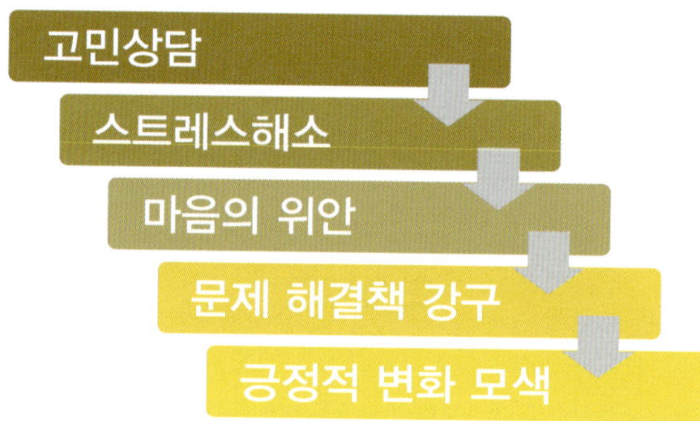

상담의 과정

(2) 반려동물 행동상담

반려동물의 문제행동으로 인해 도움이 필요하거나 어려움을 겪고 있는 보호자에게 각 개체에 대한 올바른 지식과 종(種)특이적 행동의 이해과정에 대한 설명을 상담을 통해 전달해나가는 과정으로 행동수정과 환경개선 및 문제행동예방에 대한 전문성을 갖

1 내담자(보호자): 심리학이나 상담과정에서 주로 사용하는 용어로 고민이나 문제를 혼자 해결하는 데 어려움을 느껴 전문가의 도움을 받기 위해 온 고객으로 반려동물행동상담에서는 보호자가 내담자(보호자)에 해당한다.

추어야 한다.

상담의 구성요소

(2) 동물행동 상담의 필요성

- 다른 종과의 반려생활을 통해 다양한 문제행동 출현
- 사회 분위기 및 동물에 대한 가치관의 변화
- 반려인과 비반려인과의 대립 및 마찰 문제
- 현대 인간 사회에서의 동물의 적응 문제
- 반려문화수준 향상과 더불어 펫티켓 의식 향상 시급
- 일부 전문가만의 훈련으로는 장기적인 행동문제의 해결 불가능

(3) 상담의 구성요소

① 도움을 요구하는 사람: 반려동물 보호자(내담자)

② 도움을 주는 사람: 동물행동 상담사, 행동상담 교육을 받은 훈련사

③ 도움이 필요한 동물: 문제행동개선형, 문제행동예방형, 사회화교육, 퍼피 클래스

④ 도움을 주고받을 공간과 매체: 출장형, 위탁형, 온라인 가상공간

(4) 상담의 목표

- 내담자로 하여금 반려동물과의 문제에서 원인을 파악하고, 개선해나갈 수 있도록 돕는 것이다.
- 내담자로 하여금 의미 있는 자기 탐색을 할 수 있도록 조건을 만들어주면 상담자와의 내담자와의 치료관계에서 긍정적인 변화가 일어난다.
- 현재 직면하고 있는 문제들과 앞으로의 문제들을 극복할 수 있도록, 그들의 성장과정을 도와주는 것이다.
- 촉진적 역할을 하는 상담자와의 관계에서 내담자들은 그들 자신의 목표를 정의하고 명료화하는 능력을 가지고 있다는 것이다. 많은 경우에 상담자들은 내담자가 구체적인 상담목표를 스스로 결정하게 하는 데 어려움을 겪는다.

(5) 상담의 절차 (12단계)

① 동물의 문제행동으로 내담자가 도움을 신청한다.

② 내담자가 솔직하게 반려동물의 문제점과 고민을 이야기할 수 있게 라포를 형성한다.

③ 상담자는 내담자가 동물의 문제행동과 그로 인한 자신의 감정을 자유롭게 표현할 수 있도록 참견하지 말고, 경청하도록 한다.

④ 상담자는 내담자가 표출된 부정적 감정을 알아주고 문제점을 정리하여 준다.

⑤ 내담자에게 부정적 감정과 긍정적 감정의 충동이 일어난다.

⑥ 상담자는 내담자의 감정 충돌에 대해 인정하고 받아들인다.

⑦ 내담자의 동물에 대한 이해 및 수용, 자기반성 등이 나타난다.

⑧ 내담자는 통찰과 함께 점차 문제해결을 위한 원인분석을 할 수 있게 된다.

⑨ 내담자는 긍정적, 적극적 행동을 취하게 된다.

⑩ 통찰이 심화, 확대되어 문제행동의 영향요인과 원인 및 해결방안을 모색할 수 있

게 한다.

⑪ 적극적이고도 합리적인 행동수정방안을 찾아 실천에 옮기게 된다.

⑫ 상담자의 조력은 점차 줄어들고, 내담자 스스로 해결하는 것이 가능해지면 상담을 종결한다.

2) 반려동물 행동상담의 유형

(1) 위탁교육 상담(대기 상담)

- 상담자의 교육기관에 반려동물을 위탁하여 교육 및 관리를 진행하는 유형
- 내담자가 상담자의 교육기관으로 찾아오기 때문에 상담자는 이동시간을 단축할 수 있음
- 행동상담사의 교육 공간이기 때문에 다양한 훈련도구와 시설이 구비되어 있어, 교육과 훈련 진행이 용이함
- 내담자의 집에서 나타나지 않던 새로운 문제행동이나 특이한 행동 패턴을 발견할 수 있음
- 이웃이나 주변환경과 마찰 없이 상담자와 내담자가 조용하고 차분하게 이야기할 수 있는 환경

위탁교육 시 주의사항

- 라포형성을 위한 상담 환경에 주의 - 조명, 온도, 냄새, 쇼파, 테이블, 벽의 그림 등
- 동물이 자유롭게 움직일 수 있는 안전한 공간 확보
- 보호자 가족 전원이 내원할 수 있는 상담 장소 및 시설
- 보호자의 긴장을 풀도록 말, 복장, 태도에 충분한 배려 필요

(2) 방문교육 상담(출장상담)

- 상담자가 내담자의 공간으로 찾아가 동물의 문제행동을 관찰하고, 교육을 진행하는 서비스 유형
- 실제 동물의 생활환경 및 주변 상황을 파악할 수 있고, 어떠한 환경 요인이 행동문제에 영향을 미치는지 파악할 수 있음
- 함께 거주하고 있는 내담자의 가족 구성원과 성향을 확인할 수 있어 실제 환경에서 내담자와 반려동물의 미묘한 관계를 직접 관찰하고 파악할 수 있음
- 내담자와 반려동물 모두 자신의 공간이기 때문에 불안해하지 않고, 편안한 상태로 교육을 받을 수 있음

방문교육 시 주의사항

- 방문형 서비스이기에 예약 일자와 시간은 필히 엄수(가장 중요)
- 방문일 전 당부 사항 전달(식이, 준비물, 상황, 사람 등)
- 사람에게도 반려견에게도 신뢰감 형성이 관건
- 상담일지 작성 후 주인에게도 전달
- 단정하고 매너 있는 옷차림 매우 중요
- 시간의 적절한 배분(설명, 실전훈련, 교육, 확인)

2. 고객 상담기법

1) 고객의 유형별 대처방법

(1) 흥분형

- 특징: 비교적 열정적이면서 말이 많고, 쉽게 흥분하는 타입
- 난점: 상담 시 주제가 마무리되기 전에 또 다른 주제를 열거하는 등 화제가 너무 많아 초점을 맞추기 어려움
- 대처: 다양한 질문이 주어져도 흐트러지지 말고, 전체적인 문제의 핵심에 초점을 맞추도록 함

(2) 신중형

- 특징: 방법론적이고 실질적이며 열심히 노력하여 결과를 얻는 스타일
- 난점: 결정을 내리는데 다소 많은 시간이 걸림
- 대처: 평소보다 많은 자료를 제공하고, 외형적인 것보다 실질적인 측면 강조하는 것이 좋음. 밀어붙이는 방식은 좋지 않음

(3) 판단형

- 특징: 논리적인 방법에 반응하는 편이며 이성적인 면모를 부각하는 스타일
- 난점: 옳고 그름을 중시하며 다소 비판적임
- 대처: 많은 질문에 대한 답안을 철저히 준비하고, 제시하는 의견을 경청하도록 함

(4) 민감형

- 특징: 타인의 의견을 존중하고, 타인의 반응에 민감한 타입

- 난점: 예상하지 못한 지점에서 예민함을 드러낼 수 있음
- 대처: 제안하는 솔루션이 내담자뿐만 아니라 타인이나 주변 환경에게도 얼마나 도움이 되는지 강조

(5) 적대형

- 특징: 의심이 많은 편이고, 확신을 갖기까지 상당히 비판적인 타입
- 난점: 다른 의견을 가지고 있거나 자신과 다르다고 여기면 수용하지 못하고 다소 신경질적인 반응을 보임
- 대처: 침착한 톤으로 상담을 진행하고, 만일 흥분할 경우, 당황하지 말고, 내담자를 진정시키며 의구심에 대해 천천히 설명해주도록 함

(6) 비관형

- 특징: 문제점이 발생하면 부정적인 점을 크게 부각하는 타입
- 난점: 비관적이고, 소극적이며 자신의 역할과 의견을 비하함
- 대처: 적극적으로 경청하고, 할 수 있다는 자신감을 심어주며, 문제해결의 근거를 제시함으로써 부정적인 면을 불식시킨 후, 긍정적인 방안 모색

(7) 침묵형

- 특징: 조용하고 말을 잘 안 하면서 내성적임
- 난점: 진실한 감정을 나타내지 않으며 질문에 대한 대답을 회피함
- 대처: 침묵이 이어져도 어색해하지 말고, 질문은 폐쇄형 질문보다 개방형 질문으로 대화를 이끌어나가는 것이 좋음

(8) 거만형

- 특징: 자신감과는 다른 감정으로 자신의 의견이나 권위에 도전받으면 참지 못하는 타입
- 난점: 전문가의 의견을 끝까지 듣지 않고, 자신의 생각이나 지식을 늘어놓음
- 대처: 가르치듯이 설명하면 불리하고, 인내심을 갖고 경청하며 좋은 면을 인정해주는 상담이 필요함

2) 컴플레인 고객 대처방안

(1) 무엇이 문제인지 질문한다.

내담자가 화난 이유에 대해 귀 기울여 듣고 정확하게 이해하는 것이 우선이다.

(2) 최대한 많은 아이디어를 구한다.

제시한 방안에서 해결방안을 찾지 못하면 역으로 아이디어를 요청할 수도 있다.

(3) 초두효과를 사용해라.

먼저 제시된 정보나 첫인상이 나중에 알게 된 정보보다 강력한 영향을 미치는 현상으로 첫인상은 그 사람이나 대상에 대한 전반적인 신념을 형성하는 데 중요한 역할을 한다.

(4) 만나서 이야기하고 해결해라.

문제가 생겼을 경우, 직접 만나는 것이 두려워서 회피하거나 문자나 전화를 사용할 수 있는데 이는 효과적인 해결방안이 아니다. 사람의 표정이나 말투의 느낌을 정확하게 파악하지 못하기 때문에 서로 오해가 생기기 쉽다. 가장 효과적인 해결방안은 직접 만나서 대화하며 해결하는 것이다.

예 메라비언의 법칙: 상대방에 대한 인상이나 호감을 결정하는 데 있어서 목소리는 38%, 보디랭귀지는 55%의 영향을 미치는 반면, 말하는 내용은 겨우 7%만 작용한다는 이론

3. 상담의 핵심전략

1) 라포형성하기

- 라포(Rapport)란 '마음의 유대'라는 뜻으로 의사소통의 기본이다. 라포가 형성된 사람들의 관계에서는 무슨 일이라도 터놓고 말할 수 있는 공감이 형성된 관계를 뜻한다.
- 라포를 형성하기 위해서는 눈을 맞추고, 말의 속도와 호흡을 맞추며 적합한 단어를 사용하는 것이 필요하다.
- 끄덕이기, 미소짓기, 온화한 목소리, 안정된 시선접촉은 공감과 이해를 표현한다.

2) 비언어적 요소 파악하기

- 상담자는 내담자의 비언어적 표현을 상황의 맥락에 맞게 해석해야 한다.
- 비언어적인 표현이란 표정, 손짓, 몸짓, 목소리 크기, 말투, 침묵 등을 포함하는 것으로 이러한 표현에 함축된 내담자의 욕구를 해석해야 한다.
- 상담실에서 내담자가 앉는 자리의 선택, 상담자의 거리 등으로도 그의 욕구를 해석할 수 있다.

3) 경청하기

- 경청이란 그냥 듣는 것이라 아니라 집중해서 듣는 것이다.

- 일반적으로 내담자들은 내가 아는 사람을 믿는 것이 아니라 '나를 알아주는 사람'을 믿는다.
- 완벽한 경청은 비언어적 행동, 내담자의 상황, 내담자의 문제까지도 듣는 것이다.
- 상담자는 적극적 경청을 통해서 내담자를 잘 이해하고 공감해 줄 수 있어야 한다.

4) 인간중심 상담기법 활용하기

인간중심 이론은 칼 로저스(Carl R. Rogers)가 창시한 이론으로 오늘날 가장 널리 사용되는 상담심리학의 기법 중 하나이다. 인간중심 상담은 상담자가 허용적 분위기를 조성하여 내담자가 자기통찰과 수용을 통해서 스스로 문제를 해결해 나갈 수 있도록 하는 방법이다. 또한, 인간에게는 스스로 자신의 길을 발견하고 성장해 나갈 수 있는 잠재가능성, 잠재능력이 있다는 철학에 기초하고 있다. 따라서 상담자의 역할은 내담자가 자신의 문제를 해결할 수 있는 능력이 자신에게 있다는 것을 스스로 되찾고 인간적인 성숙을 기찰 수 있도록 조력하는 것이다. 로저스는 인간은 사회적이고 미래지향적이며, 자아실현의 의지와 가능성을 갖고 있고, 선한 본성을 갖고 태어난다고 보았다. 또한 인간은 본래 부적은 상태를 극복하고 정신적 건강상태를 되찾을 수 있는 능력이 있다고 했다. 인간중심은 행동주의에서 주장하는 외부 환경이나 정신분석에서 주장하는 내적인 무의식적 충동에 좌우되는 나약한 존재가 아닌 스스로 자신의 문제를 해결하는 능력을 의미하는 것이다. 그렇기에 상담자는 상호신뢰하는 진솔한 분위기를 조성함으로써 내담자가 자기를 진실하게 공개하고 자신의 내면세계를 이해하고 그럼으로써 자신의 문제를 이해하도록 돕는다. 상담 관계 속에서 내담자는 자신의 환경에 대한 왜곡된 지각을 수정하고, 현실적 경험과 자아개념 사이에 조화와 통정을 이루며 궁극적으로는 능력과 개성을 최대한 발휘하는 자아실현을 촉진하려는 것이 상담의 목표이다.

(1) 내담자 중심의 상담하기

인간중심 상담은 상담자 중심이 아니라 내담자 중심이며, 문제해결을 위한 최종적인 선택을 내담자에게 부여한다.

(2) 내담자 자체를 중요시하기

인간중심 상담은 내담자의 문제를 중요시하기보다는 개인 그 자체를 중요시한다.

(3) 진실함을 보여주기

상담자는 자신의 내면세계를 깊이 자각하고 수용하는 끊임없는 노력이 필요하며 내담자를 돕고자 하는 진정한 마음을 전달할 수 있어야 내담자에게 신뢰를 심어줄 수 있다.

(4) 적극적인 경청하기

내담자의 내면을 깊이 이해하기 위해서는 그가 말하고, 행동하는 것에 주의를 기울이며 경청하는 적극적인 자세가 필요하고 이러한 적극적인 경청은 내담자의 자기표현과 자기탐색을 촉진시켜 신뢰 속에서 자기표현을 심화시킬 수 있다.

(5) 무조건적인 공감하기

상담자가 내담자를 평가하거나 비판하지 않고, 내담자가 나타내는 감정이나 행동특성을 그대로 수용하며 내담자 자체를 소중히 여기고 존중하는 태도이다. 다만, 내담자를 무조건적으로 존중한다고 해서 내담자의 모든 것들에 대해 상담자가 승인하거나 동의를 하는 것은 아니다.

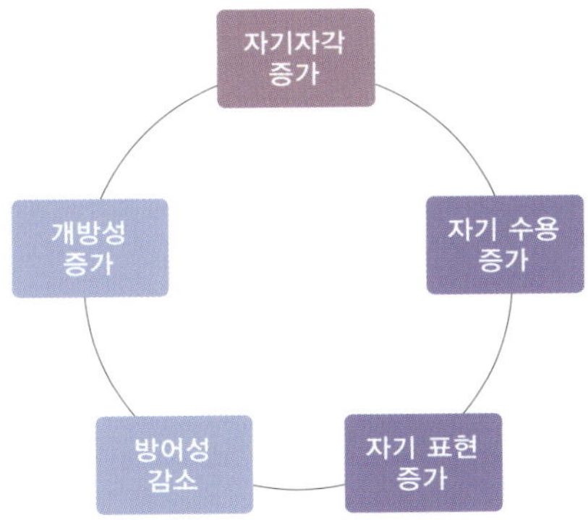

로저스식 상담의 기대효과

5) 내담자에게 호감을 얻는 상담기법

(1) 호감에 영향을 주는 개인의 장점 활용

- 타인을 만날 때 가장 먼저 접하는 것은 외모이다. 외모란 생김새의 잘나고 못나고의 문제가 아니라 단정하고, 신뢰감을 주는 외형을 뜻한다.
- 행동상담사로서 단정하고 깔끔한 외모와 옷차림, 말투는 상담사의 첫인상에 가장 큰 영향을 준다.

(2) 유사성을 통한 호감 쌓기

- 내담자는 자신과 비슷한 점들을 가진 사람들에게서 동질감을 느끼면서 편안해지는 경향이 있다.
- 공통된 요소를 찾아 상담에 적절히 활용하면 내담자와 라포를 형성하는 데 도움이 될 수 있다.

(3) 친숙성을 통한 호감 쌓기

- 일반적으로 자주 보면 볼수록 친밀감이 빨리 형성된다.
- 자주 접할 수 없는 내담자라면 전화나 문자메시지 등을 활용하여 자주 반려동물에 대한 소식과 정보를 주고받으면 상담자에 대한 호감이 깊어진다.

6) 관계유지에 도움을 주는 의사소통

(1) 관심 기울이기 행동

사람은 대인관계에 있어서 상대방에 대한 호감이 있을 때 상대방과 대화를 시도하게 되는데, 이렇게 호감으로 시작된 대화를 계속 유지하기 위해서는 서로에 대한 친밀감과 신뢰감이 형성되어야 한다. 우리가 상대방에게 친밀감과 신뢰감을 형성하기 위해서는 가장 기본적으로, 상대방에게 관심 있음을 나타내는 관심 기울이기 행동을 하면 도움이 된다.

예 내담자의 이름과 생일 기억하기, 반려동물의 특이사항 기억하기, 내담자가 말했던 대화 내용 기억하기

(2) 경청하기

실제 대화 장면에서는 상대적으로 더 비중을 두어야 할 상대방의 말과 행동을 선택하여 그것에 주목하는 것을 경청이라고 한다. 경청이란 상대의 말을 단순히 듣기만 하는 것이 아니라, 상대방이 하는 말과 그 내면에 함축되어있는 동기나 정서에 귀를 기울이는 것을 말한다.

(3) 관심 어린 질문하기

상대방의 이야기를 좀 더 깊이 있게 다루기 위해서는 대화의 내용을 구체화할 수 있

도록 관심 어린 질문을 하는 것이 필요하다.

(4) 적절한 반응하기

내담자와 깊이 있는 대화 유지 방법은 내담자의 말을 경청하는 것뿐만 아니라 내담자의 말에 적절한 반응을 해줄 때 가능해진다.

예 호응해주기, 고개 끄덕이기, 눈 마주치기, 질문하기 등

(5) 적절한 자기 노출하기

대인관계에 있어서 상대방과 좀 더 깊이 있는 관계가 되기 위해서 꼭 지켜야 하는 과정이 자기 노출이다. 자기에 대해 적절히 공개하는 것은 상담자가 의도적으로 자신의 생각과 경험을 내담자에게 내어 보이는 것으로 지지적이고 공감적인 관계를 만들 수 있다.

(6) 효과적인 자기표현하기

대인관계의 과정에서 각 개인은 자신의 입장을 상대방에게 정확하게 표현해야 하는 경우가 있다. 상담자의 지식, 이론, 기법보다 상담자의 태도가 더욱 중요하다. 상담자에 대한 신뢰가 내담자의 변화를 만들 수 있다.

학습정리

- 상담이란 전문적으로 훈련받은 사람이 도움을 필요로 하는 내담자에게 상호작용을 통하여 문제해결을 도와 바람직한 변화를 만드는 과정이다.
- 반려동물 행동상담이란 반려동물의 문제행동으로 인해 도움이 필요하거나 어려움을 겪고 있는 보호자에게 상담을 통해 올바른 개선방향을 전달하고 함께 모색해가는 전문분야이다.
- 상담의 핵심전략으로는 라포형성하기, 비언어적 요소 파악하기, 경청하기, 인간중심적 상담기법, 호감을 얻는 상담기법, 관계형성에 도움을 주는 의사소통방법 등이 있다.
- 내담자란 심리학이나 상담과정에서 주로 사용하는 용어로 고민이나 문제를 혼자 해결하는데 어려움을 느껴 전문가의 도움을 받기 위해 온 고객으로 반려동물행동상담에서는 보호자가 내담자에 해당한다.

1. 전문적으로 훈련받은 사람이 도움을 필요로 하는 내담자에게 상호작용을 통하여 문제 해결을 도와 바람직한 변화를 만드는 과정을 무엇이라고 하는지 쓰시오.

2. 동물행동문제에 상담학이 필요한 이유는 무엇인지 모두 고르시오.

① 다른 종과의 반려생활을 통해 다양한 문제행동 출현
② 반려인과 비반려인과의 대립 및 마찰 문제
③ 반려문화수준 향상과 더불어 펫티켓의식 향상 시급
④ 일부 전문가만의 훈련으로는 장기적인 행동문제의 해결 불가능

3. 반려동물의 문제행동에 대한 상담의 구성요소와 설명으로 옳지 않은 것을 고르시오.

① 도움을 요구하는 사람: 반려동물보호자(내담자)
② 도움을 주는 사람: 수의테크니션
③ 도움이 필요한 동물: 문제행동개선형, 문제행동예방형, 사회화교육, 퍼피클래스
④ 도움을 주고받을 공간과 매체: 출장형, 위탁형, 온라인 가상공간

4. 컴플레인 고객의 대처방안으로 옳지 않은 것을 고르시오.

① 화난 고객은 대변 방식보다 전화나 비대면 방식이 효율적이다.
② 고객에게 문제해결방안에 대한 아이디어 요청한다.
③ 초두효과를 사용하는 것도 좋다.
④ 화난 이유에 대해 질문하고 정확하게 들어야 한다.

5. '마음의 유대'라는 뜻으로 의사소통의 기본이다. 라포가 형성된 사람들의 관계에서는 무슨 일이라도 터놓고 말할 수 있는 공감이 형성된 관계를 뜻하는 말을 쓰시오.

1. 상담 2. ①②③④ 3. ② 4. ① 5. 라포(Rapport)

부록
용어정의

- **가르시아 효과**(Garcia Effect): 먹는 행동과 그로 인해 나타나는 결과 사이에는 시간적으로 어느 정도 차이가 있지만, 그들 사이에는 일정한 인과관계가 존재한다. 만일, 길고양이가 산에서 이상한 버섯을 먹었는데, 먹고 나서 어느 정도 시간이 흐른 후에 배탈이 났다고 하더라도 버섯과 배탈 사이에는 인과관계가 성립한다. 이와 같이 특정한 먹거리의 미각과 뒤에 따르는 결과(질병) 사이의 관련성을 학습하는 놀랄 만한 재능을 '가르시아 효과'라고 한다. 가르시아 효과는 동물을 비롯하여 사람도 가지고 있는 생존 본능이다. 사람과 동물은 자기의 생명을 위협하는 먹거리를 한 번의 경험만으로도 터득하는 놀라운 재능을 가지고 있다.
- **각인**(imprinting): 새끼 동물은 태어나는 순간에 처음 보는 움직이는 대상을 따라다니는 본능적인 추종 행동을 보인다는 것을 발견하고 이런 초기의 본능적 행동 경향성을 각인이라 한다.
- **간헐적 강화계획**(intermittent schedule): 모든 행동에 계속적으로 강화물을 제공하는 것이 아닌 불규칙적으로 강화물을 제공하는 방법으로 부분강화계획이라고도 한다. 이와 반대로 연속 강화계획은 목표 행동을 할 때마다 강화물을 제공하는 것이다.
- **감각 사전조건형성**(sensory preconditioning): 두 개의 중성자극이 먼저 짝지어진 다음, 그 중 하나가 무조건자극(US)와 반복적으로 짝지어지는 절차. 그리고 나서 무조건자극(US)과 짝지어지지 않았던 다른 자극이 단독으로 제시되면 이 자극도 조건반응(CR)을 일으킬 수 있다.

- **강박장애**(obsessive−compulsive disorder): 스트레스나 기능손상을 야기하는 강박적 사고와 불안을 무마하기 위한 충동적 행동인 강박행동이 하루에 1시간 이상 반복되는 것
- **강화**(reinforcement): 어떤 행동에 따른 결과를 제공하는 절차로서 그 행동의 확률을 증가 또는 유지시킨다.
- **강화계획**(Schedule of reinforcement): 어떤 행동에 따르는 강화물을 어떤 방식으로 제시할지를 기술하는 규칙
- **강화인**: 조작적 조건형성에서는 어떤 행동이 다시 발생하도록 만드는 과정을 '강화'라고 하고, 어떤 행동이 다시 발생할 가능성을 증가시키는 자극을 '강화인'이라고 하였다.
- **강화 후 휴지**(post−reinforcement pauses): 강화를 받은 다음에 반응을 하지 않고 쉬는 것으로 주로 고정간격계획(FI) 및 고정비율계획(FR)과 관련이 있다.
- **거시체계**: 미시체계, 중간체계, 외체계에 포함된 모든 요소에다 개인이 살고 있는 문화적 환경까지 포함됨
- **결정적 시기**(critical periods): 유기체의 발달 도중 특정 종류의 행동을 습득할 가능성이 특별히 높은 시기. 결정적 시기는 제한된 시간 내에 유아가 특정한 적응 행동을 습득하도록 생물학적으로 준비되어 있으며, 그러기 위해서는 적절한 자극적인 환경의 지원이 있어야 한다는 것을 의미함
- **계획효과**(Schedule effect): 특정 강화계획으로 인한 독특한 반응 비율과 반응 패턴
- **고순위 조건형성**(higher−order conditioning): 자극이 무조건자극(US)과 짝지어지는 대신 잘 확립된 조건자극(CS)과 짝지어지는 파블로프식 조건형성
- **고전적 조건형성**(Classical conditioning): 파블로프가 개를 이용한 생리학 실험의 과정에서 개가 먹이를 접할 때 흘리는 침을 먹이를 주는 조교의 발소리나 먹이 그릇만을 접했을 때도 흘리는 것을 관찰하고 체계적으로 정리한 행동수정의 원리이다. 중립적 자극에 대해 이러한 학습된 타액 분비 반응을 조건반사라 부르고, 이 과정을 고전적 조건형성이라고 한다.

- **고정간격 계획**(fixed interval schedule, FI): 반응행동이 발생한 후 일정한 시간이 경과한 다음 강화물을 제공하는 것으로 예를 들어 캔넬에서 짖지않고 잘 있는 강아지에게 5분마다 강화물을 제공하는 방법이다. 이 계획에서 반응패턴은 강화가 주어진 직후에는 반응률이 갑자기 떨어지다가 다음에 올 강화시간이 가까워질수록 더 빨라지는 형태를 보인다.
- **고정비율 계획**(fixed radio schedule, FR): 반응행동이 발생한 후 일정한 수만큼의 행동을 했을 때 강화물을 제공하는 방법이다. 예를 들어 10개의 쿠폰을 모으면 1개가 서비스로 제공되는 원리와 같다.
- **고정행위패턴**(fixed action pattern, FAP): 대개 어떤 특정한 자극(방출인)에 의해 유발되는, 서로 연관된 일련의 선천적 행위들. 예전에는 본능이라고 불림
- **과학습**(over–learning): 한 번의 오류 수행을 하기 위해 필요한 시점을 넘어서까지 훈련을 계속하는 것
- **근접성**(contiguity): 사건들이 시간적으로(시간적 근접성) 혹은 공간적으로(공간적 근접성) 가까운 것
- **기저선기간**(baseline period): 실험에서 연구 대상인 행동을 수정하려는 시도를 전혀 하지 않는 관찰기간(대개 A라고 표시)
- **누가기록**: 행동을 그래프로 기록한 것으로서, 각 점은 그 행동이 그 시점까지 수행된 총횟수를 나타낸다. 행동이 일어나지 않으면, 종이에 가로로 직선만이 그어진다. 행동이 일어나면 펜이 종이 위에서 세로로 짧게 움직인다. 행동률이 높을수록 펜이 많이 움직이기 때문에 기울기가 더 가파른 선이 그려지고, 행동률이 낮을수록 기울기가 더 완만한 선이 그려진다.
- **다중계획**(multiple schedule): 둘 이상의 단순 강화계획이 교대되는 복합 강화계획. 각 계획은 특정 자극과 연관되어 있다.
- **단서–의존적 망각**(cue–dependent forgetting): 훈련 시에 존재했던 단서들의 부재로 인한 망각을 뜻한다.

- **대리학습**(vicarious learning): 한 유기체가 다른 유기체의 행동을 관찰함으로써 학습하는 절차
- **대응법칙**(또는 조합법칙, matching law): 두 개 이상의 강화계획 상에서 반응할 기회가 주어졌을 때, 각 계획에 따른 반응률이 각 계획에서 가용한 강화에 대응한다는 법칙
- **도피-회피 학습**(escape-avoidance learning): 피험자가 혐오자극으로부터 도피하는 것을 먼저 학습하고 난 다음에 그것을 회피하는 것을 학습하게 되는 부적 강화의 한 형태
- **도피훈련**(escape training): 부적강화훈련에서 행동을 강화하는 것은 혐오자극으로부터 도피이므로 이 절차를 도피훈련이라고도 부른다.
- **돌연변이**(Mutation): 유전자에 일어나는 어떤 변화. 생식 세포 내에 변경된 유전자가 생기면 이 돌연변이가 그 자손에게 유전된다.
- **동기과정**(motivational process): 대리학습에 대한 반두라(Bandura)의 이론에서 모방된 행동이 강화를 받을 것이라는 기대이다.
- **동물행동학**: 다윈의 진화론에 근거한 동물과 인간의 행동을 연구하는 것으로 인간발달의 생물학적 역할을 강조하는 학문이다.
- **동시 조건형성**(simultaneous conditioning): 조건자극(CS)과 무조건자극(US)이 시간적으로 동시에 일어나는 것이다.
- **둔감화**(Habituation): 반사 반응을 일으키는 자극에 반복적으로 노출됨으로써 그 반사 반응의 강도 또는 확률이 감소하는 것으로 홍수법과 체계적 둔감화가 있다.
- **망각**(forgetting): 학습된 행동을 수행할 기회가 결핍된 뒤 생겨나는 그 행동의 퇴화되는 현상이다.
- **모방일반화**(generalized imitation): 모방 행동이 강화를 받지 못하더라도 어떤 관찰된 행동을 모방하는 행동이다.
- **무오류 변별훈련**(errorless discrimination training): 변별이 발달하게 되는 데는 비교적 시간이 걸리게 되는데 이러한 시간과 오류를 줄이기 위해 처음에는 아주 약한 형태로 자극을 제시

하고, 그 강도의 자극에 반응을 하지 않게 되면 점차 서서히 자극의 강도를 증강되는 변별훈련의 한 형태이다. 그 결과 일반적으로 전혀 혹은 거의 오류가 없이 변별이 이루어진다. 이를 개발한 사람의 이름의 따 Terrace 절차라고도 불린다.

- **무조건 반사**(unconditional reflexes): 특정 사건과 그 사건에 대한 단순하고 불수의적 반응 사이의 관계. 무조건 반사는 무조건 자극과 무조건 반응으로 이루어진다.
- **무조건 반응**(unconditional response, UR): 먹이를 보면 침을 흘리는 것과 같이 무조건 자극에 의해 유발되는 반응이다.
- **무조건 자극**(unconditional stimulus, US): 무조건 반응을 유발하는 자극이다.
- **미시체계**: 미시 체계들 간의 상호관계, 즉 환경들과의 관계를 뜻한다. 형제관계, 부모와 교사와의 관계, 이웃친구들과의 관계 등이 있다.
- **미신행동**(superstitious behavior): 우발적인 강화로 인해 일어나는 행동 강도가 증가하는 것이다.
- **민감화**(Sensitization): 어떤 반사 반응을 유발하는 자극에 과거에 노출됨으로 인하여 그 반응의 강도나 확률이 증가하는 것이다.
- **반사**(Reflex): 특정 사건과 그 사건에 대한 단순하고 불수의적 반응 사이의 관계이다.
- **반응방지**(response prevention): 원치 않는 행동이 일어나는 것을 예방하기 위해 환경을 변경시키는 절차이다.
- **방출인**(Releaser): 고정행위 패턴을 확실하게 유발하는 모든 자극이다.
- **변동간격 계획**(variable interval schedule, VI): 강화물을 제공하는 시간 간격이 유동적인 경우로 예측 불가능한 반응 기간 후에 강화하는 것이다. 예를 들면 예고 없이 보는 쪽지시험과 같다.
- **변동비율 계획**(variable radio schedule, VR): 강화물을 제공하는 횟수의 간격이 유동적인 경우로 예측 불가능한 반응 횟수 후에 강화하는 것이다. (예: 슬롯머신이나 복권과 같이 예측

불가능한 것이다.)

- **변별**(discrimination): 어떤 행동이 특정 자극이 존재할 때에는 일어나지만 존재하지 않을 때에는 일어나지 않는 현상이다. (cf. 일반화)
- **변별자극**(discriminative stimulus): 조작적 학습에서, 어떤 행동이 강화를 받을 것임을 신호하는 자극이나 강화를 받지 못할 것임을 신호하는 자극 모두를 가리킨다.
- **변별훈련**(discrimination training): 변별을 확립시키기 위한 절차이다. 조작적 변별훈련은 어떤 행동이 한 자극이 존재할 때 일어나면 강화하지만 다른 자극이 존재할 때에 일어나면 강화하지 않는 것으로 구성된다.
- **병립계획**(또는 동시계획, concurrent schedule): 한 번에 두 개 이상의 단순 계획이 가용한 복잡한 강화계획이다.
- **보상훈련**(reward training): 정적 강화에 사용되는 강화물들이 일반적으로 보상적이라고 생각되는 것들(성공, 칭찬, 돈 등)이기 때문에 정적강화는 보상훈련이라고도 불린다.
- **복합자극**(compound stimulus): 두 개 이상의 자극이 동시에, 조건자극으(CS)로 제시되는 것
- **부분강화 효과**(partial reinforcement effect, PRE): 어떤 행동이 연속 강화를 받았을 때보다 부분 강화를 받았을 때 소거에 더 저항적인 경향이다.
- **부적강화**(negative reinforcement): 좋아하는 자극을 제거하여 행동을 증가시키는 강화절차이다.
- **부적처벌**(negative punishment): 싫어하는 불쾌자극을 제거하여 원하지 않는 행동을 약화시키는 강화절차이다.
- **분리불안장애**(separate anxiety): 혼자 남겨지거나 주요 애착 대상으로부터 분리되는 것에 대하여 과도하게 불안을 느끼고 나이에 맞지 않게 과잉불안을 갖는 증상
- **불연속성**: 발달이 일련의 독립적이며, 질적으로 다른 단계들로 구성되는 현상으로 생각한다.

- **비수반적 강화**(non-contingent reinforcement, NCR): 행동과는 독립적으로 강화물을 제공하는 절차이다.
- **비율 긴장**(radio strain): 강화 비율을 너무 급격히 혹은 너무 길게 늘여서 반응의 패턴이 붕괴되는 것이다.
- 비**율 늘이기**(stretching the radio): 강화를 위해 요구되는 반응 횟수를 서서히 증가시키는 절차이다.
- **사회학습이론**: 사회적 환경과 아동의 인지능력이 아동의 학습과 발달에 미치는 중요성을 강조하고 다른 사람의 행동을 관찰함으로써 학습되어 나타난다고 주장한다.
- **생태학적 관점**: 인간발달을 인간과 그를 둘러싼 복합적이고 상호작용적 체계 속에 이루어지는 맥락 속에서 설명하려는 입장
- **성숙**: 유전적 요인에 의해 발달적 변화들이 통제되는 생물학적 과정을 말한다.
- **소거**(extinction): 어떤 행동을 유지시키는 강화물을 더 이상 제공하지 않아 행동이 약화되는 절차이다.
- **소거 격발**(extinction burst): 소거의 초기 단계에서 반응률이 갑자기 증가하는 것이다.
- **수반성**(contingency): 사건들 사이의 의존성. 한 사건은 자극 수반적(한 자극의 출현에 의존적)일 수도 있고 반응 수반적(한 행동의 출현에 의존적)일 수도 있다.
- **순행간섭**(proactive interference): 현재의 행동 이전에 일어난 학습으로 인한 망각이다.
- **실행속도**(실행률, run rate): 강화를 받은 후 일단 행동이 재개되고 나서 그 행동이 수행되는 속도이다.
- **실험**(experiment): 하나 이상의 독립 변인이 하나 이상의 종속 변인에 미치는 효과를 측정하는 연구 설계이다.
- **실험신경증**(experimental neurosis): 변별훈련 같은 실험절차를 통해 야기되는 괴이한 또는 신경증과 유사한 행동이다.

- **애착**: 애착은 애착 체계(attachment system)에 의해 조절되는 관찰 가능한 행동들을 포함하는 지속적인 관계로 정의한다.
- **애착체계**: 애착 체계는 인간 유기체가 성공적인 생존과 생식을 위해 진화해 온 수많은 행동 체계들 중의 하나이다.
- **역조건형성**(counter-conditioning): 이전 조건형성(원치 않았던 조건형성)의 효과를 원상태로 돌리기 위해 파블로프식 조건형성을 사용하는 것이다.
- **역행간섭**(retroactive interference): 현재 관심의 대상이 되고 있는 행동 이후에 일어난 학습에 의해 초래되는 망각이다.
- **연속강화**(Continuous reinforcement, CRF): 어떤 행동이 일어날 때마다 강화가 주어지는 강화계획이다.
- **연속변별훈련**(successive discrimination training): 자극의 제시와 자극의 제거가 임의의 순서로 하나씩 제시되는 변별훈련 절차이다.
- **연속성**: 발달을 수태에서 죽음까지 연속적이고, 점진적이고 축적된 변화라고 생각한다.
- **연쇄계획**(chain schedule): 일련의 단순 강화계획들로 이루어진 복잡한 강화계획. 각각의 단순 강화계획이 시행 중임을 나타내는 특정 자극이 있으며, 마지막 강화계획까지 완결되어야만 강화가 주어진다.
- **연쇄 짓기**(chaining): 행동의 연쇄를 확립시키는 절차. 행동연쇄를 수행하도록 훈련시키는 절차
- **외생변인**(extraneous variable): 실험조작과 동시에 우연히 발생하는 변인을 뜻한다.
- **운동재현과정**(motor reproductive process): 대리 학습에 대한 반두라(Bandura)의 이론에서 모방된 행동을 수행하는데 필요한 기술로 원치 않는 행동과는 다른 행동을 체계적으로 강화하는 차별강화의 일종이다. 원치 않는 행동에 상반되는 반응이 체계적으로 강화를 받는 강화계획의 한 형태이다.

- **유창성**(fluency): 분당 일어나는 정확 반응의 수로 학습을 측정하는 방법이다.
- **이차강화물**(secondary reinforcer): 다른 강화물과의 연합을 통해 강화적 속성을 지니게 된 자극이다.
- **일반강화물**(generalized reinforcer): 여러 상이한 강화물들과 짝지어진 이차 강화물로 광범위한 상황에서 사용될 수 있다.
- **일반적 행동 특질**(general behavior traits): 유전자에 강하게 영향받는 일반적인 행동 경향성이다. ex)내향성, 전반적인 불안
- **일반화**(generalization): 학습된 반응이, 훈련 도중에는 존재하지 않았던 자극에 대해 일어나는 경향을 뜻한다.
- **일차강화물**(primary reinforcer): 다른 강화물에 의존하여 그 강화적 속성을 얻게 되는 것이 아닌 강화물로 자연적, 선천적으로 강화적인 것이다.
- **자극**(stimuli): 행동에 영향을 미치는, 혹은 미칠 수 있는 사건이다.
- **자발적 회복**(spontaneous recovery): 학습된 행동이 소거된 다음에 다시 강화물을 제공하자 반응이 나타나는 것이다.
- **자연선택**(Natural Selection): 한 종의 생존에 기여하는 특성은 살아남고 그렇지 못한 특성은 사라지는 경향을 뜻한다.
- **자유조작적 절차**(free operant procedure): 어떤 행동이 그 횟수의 제한 없이 반복될 수 있는 조작적 훈련 절차이다.
- **자유회상**(free recall): 학습된 행동을 수행할 기회를 줌으로써 망각을 측정하는 방법이다.
- **적응**(Adaption): 환경과의 직접적인 상호작용을 통해 도식이 변화하는 과정이다.
- **정적강화**(positive reinforcement): 좋아하는 자극을 제시하여 원하는 행동의 발생률을 높이는 절차이다.
- **정적처벌**(positive punishment): 불쾌한 자극을 제시하여 원하지 않은 행동을 약화시키는 절

차이다.

- **조건형성 학습**(Conditioning Learning): 사람들은 무의식적, 자동적으로 어떤 현상을 보면 그 현상을 반사적으로 배운다. 그런 현상을 '조건형성'이라고 한다. 덜 익은 살구를 생각하기만 해도 입에 침이 고이는 현상, 잔소리 많은 상사를 보면 저만치서 피해 가는 현상들은 모두 조건형성이 되어 있기 때문이다. 또한 어렸을 때 닭고기에 탈이 났던 사람이 커서도 닭고기를 먹지 못하는 가르시아 효과도 조건형성의 결과다. 이처럼 어떤 자극과 자극이 연합을 통해 세상을 배우는 원리를 '조건형성 학습'이라고 한다.
- **조건강화물**(conditioned reinforcer): 이차강화물로 무조건강화물과 짝지어짐으로써 강화력을 획득하기 때문에 이차강화물을 조건강화물이라고도 부른다.
- **조건반사**(conditional reflexes): 파블로프식 조건형성을 통해 습득된 반사로서 조건자극과 조건반응으로 구성된다.
- **조건자극**(conditional stimulus, CS): 조건반사의 자극 부분으로 조건반응을 유발한다.
- **조작적 정의**(operational definition): 한 용어를 측정하기 위한 조작(절차)을 명시함으로써 그 용어를 정의하는 것이다.
- **조작적 학습**(operant learning): 어떤 행동이 그 결과에 따라 더 강해지거나 약해지게 만드는 절차이다.
- **조작적 행동**: 스키너는 인간 행동의 대부분이 조작적 행동이라고 보고 어떤 행동이 야기되는 결과에 의해서 통제된다고 하였다. 긍정적인 결과는 그 행동이 다시 발생할 가능성을 높이고, 부정적인 결과는 반대 결과를 초래한다.
- **조형**(shaping): 원하는 행동에 근접해 갈수록 이를 계속해서 강화하는 조작적 학습 절차이다.
- **지각**(perception): 감각 기관을 통해 들어온 물리적 자극이 부호화된 신경 신호를 선택하여 조직화하고 해석하는 과정
- **직렬계획**(tandem schedule): 일련의 단순 계획들로 이루어진 복합 강화계획으로서, 그 중 마

지막 계획이 완료되어야만 강화가 주어진다. 각 단순 계획들은 상이한 자극들과 연관되지 않는다.

- **차별강화**(differential reinforcement): 어떤 종류의 행동은 체계적으로 강화를 하고 다른 것들은 그렇게 하지 않는 조작적 훈련절차이다.
- **차별적 결과 효과**(differential outcomes effect, DOE): 상이한 행동들이 상이한 결과물들을 산출할 때 변별 훈련이 더 신속하게 진행된다.
- **처벌**(punishment): 어떤 행동에 대해 그 행동의 강도를 감소시키는 결과를 제공하는 절차이다.
- **추동**(drives): Hull의 강화이론에서 박탈기간으로 야기된 정서 상태이다. (예: 음식의 박탈→배고픔)
- **추동감소이론**(drive-reduction theory): 강화물의 효과의 원인을 추동의 감소에서 찾는 강화이론이다.
- **파지과정**(retentional process): 대리 학습에 대한 반두라의 이론에서 모방될 행동의 회상을 돕는, 관찰자가 하는 행동이다.
- **표본대응**(matching to sample, MTS): 변별훈련의 일종으로서, 둘 이상의 비교자극들 중에서 표본과 일치하는 것을 선택하는 것이 할 일이다.
- **프리맥의 원리**(Premack Principle): 확률이 높은 행동이 확률이 낮은 행동을 강화한다는 원리이다.
- **학습**(learning): 시행착오의 경험으로 인한 행동의 변화이다.
- **학습된 무기력**(learned helplessness): 피할 수 없는 혐오자극에 노출된 이후로 혐오자극으로부터 도피하지 못하게 되는 것이다.
- **행동**(behavior): 사람이나 동물이 하는, 측정할 수 있는 모든 것. 실제로는 이 용어는 공공연하게 측정 가능한 외현적 행동을 가리킨다.
- **행동연쇄**(behavior chain): 서로 순서대로 연결된 행동이다.

- **향본능 표류**(instinctive drift): 행동이 고정행위 패턴으로 흘러가는 경향이다.
- **현장실험**(field experiment): 자연환경에서 행해지는 실험이다.
- **혐오자극**: 유기체가 피하려는 것들로서, 흔히 고통스럽거나 불쾌한 것이다.
- **혐오치료**(aversion therapy): 역조건 형성의 일종으로서, 조건자극(CS)이 혐오적 자극과 짝지어진다. (예: 구토를 일으키는 약물)
- **협동계획**(cooperative schedule): 강화가 둘 이상 개체들의 행동에 수반적으로 주어지는 복합 강화계획이다.
- **혼합계획**(mixed schedule): 특정 자극과 연관되지 않은 둘 이상의 강화계획이 교대되는 복합 강화계획이다.
- **효과의 법칙**(law of effect): 행동은 그 결과의 함수라는 진술로 어떤 행동의 강도는 그것이 과거에 환경에 미친 효과에 좌우되기 때문에 효과의 법칙이라고 하고, 그 효과를 직접적으로든 간접적으로든 만들어내는 것은 대개 유기체의 행동이다.
- **후향 연쇄 짓기**(backward chaining): 연쇄 상의 맨 마지막 고리부터 훈련시키기 시작하여 그 앞의 고리들로 역순으로 나아가는 연쇄 짓기 절차이다.
- **흔적 조건형성**(trace conditioning): 무조건자극(US)이 제시되기 전에 조건자극(CS)이 시작되어서 끝나는 것이다.

참고문헌

김병부, 김일권(2006). **犬훈련학**. 서울: 한진출판사.

김옥진, 손민우, 오홍근, 박철, 임세라, 김현주(2014). **동물행동 상담학**. 서울: 동일출판사.

김창대, 김진숙, 유성경, 지승희(2004). **청소년상담기초**. 한국청소년상담원.

박경애(2011). **상담심리학 –상담과 심리치료의 주요 이론과 실제**. 경기: 공동체.

박효진(2020). **한 권으로 끝내는 펫시터 & 도그워커 매뉴얼**. 서울: 도서출판 예문.

이안던바(2014). **애견 행동문제 가이드.** 경기도: JOYDOG.

이장호(2003). **상담면접의 기초**. 서울: 중앙적성출판사.

장성화, 김순자, 윤향숙, 박지현(2013). **상담의 이론과 실제**. 경기: 정민사.

조현춘, 조현재, 문지혜, 이근배, 홍영근(2010). **심리상담과 치료의 이론과 실제**. 서울: 시그마프레스.

한국동물매개심리치료학회 동물행동상담사 자격위원회 저(2014). **동물행동상담사 자격 수험서**. 서울: 동일출판사.

한국동물매개심리치료학회 자격위원회 공저(2018). **동물매개 심리상담사 자격 수험서**. 서울: 동일출판사.

Garfield, S. L.(1980). *Psychotherapy: An Eclectic Approach*. New York: Wiley.

Hill, C., & O'Brien, K.(1999). Helping skills; Facilitating exploration, insight, and action. American Psychological Association.

Ivey, A. E.(1988). *International interviewing and counseling*. Monterey, Callf.: Books/ Cole.

Ivey, A. E., Ivey, M. B., Zalaquett, C. P.(1994). *International interviewing and counseling: Facilitating client development in a multicultural society*. Pacific Grove, CA: Brooks/Cole Publishing Company.

저자 약력

박효진

삼육대학교 상담심리학 박사 수료

미국 Karen Pryor Academy 클리커트레이닝 전문가 과정 이수

현) 한국애견협회 훈련/ 클리커/ 도그쇼 심사위원

중국 (국제애견협회) 훈련 심사위원 및 슈퍼바이저

상지대학교 동물자원학과 동물복지학, 반려동물행동학 담당 교수

삼육대학교 상담심리학과 동물매개상담, 동물행동수정 담당 교수

서울문화예술대학교 반려동물학과 기초동물훈련, 응용동물훈련 담당 교수

서울연희전문학교 애완동물학과 동물훈련이론 담당 교수

한국반려동물교육협회대표

핫독연기견학교 대표

전) 서울호서전문학교 애완동물관리과 클리커트레이닝 담당 교수

〈주요 저서 및 연구〉

기초동물훈련(2022)

병영문화와 군 특수상담(2021)

한 권으로 끝내는 펫시터 & 도그워커 매뉴얼(2020)

반려동물산업 종사자의 직무스트레스와 심리적 소진, 동물학대 경험 및 생명존중의식 간의 관계(2019)

반려동물행동상담학

초판 1쇄 인쇄 / 2022년 1월 5일
초판 1쇄 발행 / 2022년 1월 10일

저 자 / 박 효 진
발행인 / 이 중 수
발행처 / 동 문 사

서울특별시 서대문구 홍제원 1길 12
(홍제동 137-8)
Tel : 02)736-3718(대), 736-3710, 3720
Fax : 02)736-3719
등록번호 : 1974.04.27. 제9-17호
가격 : 25,000원

ISBN : 979-11-6328-356-0 (13490)
E-mail : dong736@naver.com
www.dongmunsa.com